元ゲイ風俗ボーイの
人たらし哲学

ずる賢く幸せになる

もちぎ

幻冬舎

ずる賢く
幸せになる
元ゲイ風俗
ボーイの
人たらし哲学

目次

第3章　老若男女、みんなアイドル!?

第4章　自由を得るためのずる賢さ

はじめに

どうも。あたいもちぎ。

少し珍しい経歴を持つゲイ。

２０１８年10月頃から、Twitterで自分の経歴を赤裸々に明かしたアカウントを作り、ゲイ風俗やゲイバーで働いていた経験を基にした発信をしています。いわゆるインフルエンサーってやつです。漫画やブログがメインの活動内容ですが、コラムや対談などもしています。

そしたら活動を始めて二ケ月で数々の出版社様から声がかかり、なんやかんやあってエッセイやコミックスを数冊出版していただきました。昨今のエッセイブームや、ＬＧＢＴムーブメントの機運に乗じることができたラッキーゲイなんですわ。おかげさまで様々なメディアや媒体でゲイ作家として活動させてもらってます。

だけどあたいという人間自体は、こうも注目されるまでは今までの人生のほとんどを狭いゲイ業界ばかりで生きてきました。

関わる人ほとんどがゲイ、もしくはゲイの世界に興味がある人たちだった。

平成も終わる頃、ようやくインターネットを利用した発信をし始めたことで、ゲイバーやゲイ風俗で出会えない人たちと交流し、たくさんの方々を相手にした活動を続けることができるようになったのです。こうした書籍という形でさまざまな境遇の読者諸賢に語りかけることができたのも、とっても光栄に思っています。現代に生まれてよかった〜。

さて、今まで上梓してきたエッセイや小説とは違ったジャンルの書籍となるので少々意気込んでいるけれど、書くことはすべて以前から後輩や同僚とともに考え抜き、業界を生き抜くために研鑽してきた処世術の数々です。

なので日記のように、覚書のように綴っていこうと思います。


とにかくまずは、一緒に本を作ろうと声をかけてくださった幻冬舎の皆様、めちゃくちゃあたいをサポートしてくれている担当さん、そして関係者の方々に感謝致します。

本題に入る前に、前提としてゲイバーはともかく、ゲイ風俗なんてニッチなお店には来店されたことがない人がほとんど——ていうか存在を知らない人が大多数だと思うの。

そもそもこの本はゲイ以外の人がたくさん読んでいるだろうし、しかもゲイ当事者でもみんなが風俗業界に慣れ親しんでいるわけでもないから。誰にとってもゲイ風俗はほとんど想像のつかないものだろう。そんな業界歴を持つあたいが、いきなり何かを経験則から語っても実感が湧きづらいかと思う。

だからまず軽く説明させてもらうわね。


ゲイ風俗は一般的な風俗で言うデリバリーヘルスのようなもの。

この業界のことをゲイの人たちは昔からウリセンという俗称で呼んでいるけれど、最近は出張ホストと言い換えて経営しているところもあるわ。ただしどの店でも女性の利用は禁止されてる。

若者をメインに雇っている店では18歳から30歳くらいまでの男の子が在籍しているわ。見た目はイケメンや男前に可愛い系、素朴系や筋肉質までさまざまよ。だけど普通な感じの子も意外とたくさん働いてる。べつに芸能人のような美貌の持ち主だけが採用されるわけじゃないの。

また、ゲイ以外にもノンケ（異性愛者）やバイセクシャルの男の子も働いているわ。お客様も富裕層だけってわけじゃなく大半が普通のサラリーマンだったように、従業員も色んな子がいたけどほとんどが一般的な男の子。ゲイ風俗は特殊だけど、価格帯も性産業としては安くて落ち着いてるせいか、なにも浮世離れした人間だけがいるわけではないのだ。

ゲイ風俗の従業員はボーイと呼ばれる。

その多くは効率の良いバイトをするために入店し、日銭を稼ぐ若者だった。昼職や学生をしている子ももちろんいたが、大抵の子が就活までの食いつなぎや、夢のための貯金を作ることが目的なので長期的に在籍する人間はそこまで多くはない。

仕事内容の方は風俗らしい短時間のプレイだけにとどまらず、デートや旅行にお泊まり、そして各自で部屋の清掃までこなす。性的な体力や気力もだけど、気配りできる要領の良さも求められたわ。

そして人気商売ゆえのボーイたちによる熾烈な争いももちろん存在した。だけど基本的にはサークルや部活仲間のような和気藹々とした雰囲気が店内にはあったので、おかげであたいは約5年間在籍してめげずに仕事に精を出せたのだ。

風俗に馴染みのない方からすれば、風俗という仕事は自由度が高く、特殊な技能やスキルが不必要な肉体労働に思えるかもしれない。だけど実際あたいが働いてみるとそれは少し誤解されているんだと気づいた。

まず、仕事をこなしていく中で、歳上（特に団塊世代から上）の男性への接待術と、社会人として身につけるべき営業的なイロハがたくさん学べた。また、お客様に連れられて料亭だとか高級レストランやホテルを若いうちに利用できたことは経験としても貴重だった。マナーやしきたりを身をもって学べたのだ。

ゲイ風俗は料金が安く、お客様の数も少ない世界なので、いかにいろんなお客様に自分にゾッコンになってもらえるかが肝要なのだった。ここで学んだスキルや接待術こそが稼ぎ続けるための必須要素で、どちらかと言えば頭脳労働も多かったと感じる（あたいもお客様との会話メモや情報を手帳何冊分も書き残したもんだった）。

それに、店の裏側でもいろんな背景を抱えた子たちとの交流や繋がりで人間を深く知ることもあり、学校よりも貴重な出会いが多かったように感じる。そしてお客様のご厚意も大きく、ここでできたコネクションから店を出した子も何人かいたのを知っている。

ただのサービス業とは違った経験と未来を得られることがこの世界にはあった。

未成年で世の中をまだまだ知らないあたい含め若人たちが、普段関わることのない様々な大人と交流することによって、ちょっぴり大人の世界の酸いも甘いも知ることとなる。平たく言えば社会経験ってやつが意外と手に入ったのだ。

もちろんこれはお客様との巡り合わせも関係するので、みんながみんなとは言わないけれど。でも少なくとも、無為に時間を消費しようとせず先行きを見越したボーイほど、お金だけじゃないものを得てから退店するように見えた。貴重な10代20代の期間を、職歴に残せない空白の期間だけに終わらせないように画策していたようだった。

そしてそんな一風変わった業界で、たくさんの大人から有益なモノを学び続けた肝心のあたい自身は、なんの才能にも恵まれなかったただの平凡な人間なの。

見た目だって普段はゲイだと気づかれることもない純朴な男。あと有名なおねぇタレントのように女装だとかもしてないの。テレビにパーカー姿で出演するようなピュアなメンズ。ちょっぴりすけべなだけの一般男性。趣味で始めたSNS発信が作家活動に繋がっただけで、恥ずかしながら博学でもセンス豊富なカリスマでもない。誇ることでもないけれど。

それでもゲイってだけでなんだか特別に思えるわよね。世間でも芸術やファッション、お笑いや文芸などに秀でたマイノリティの方々が世間を賑《にぎ》わせているじゃない。だからなんとなく「ゲイの人っておしゃれで博識で、コメントとか秀逸〜」って思ってる人も多いかもしれない。

でもあれは《努力してきた特別な人だから凄《すご》い》ってだけの話で、ゲイが凄いわけでも、凄いからゲイってわけでもないのだ。

自己紹介も含めて業界をさらっと語ったけれど、とにかく言えることはあたいが普通のゲイ男性だってこと。

年齢だってまだアラサー。これを書いている今はもうゲイバーも辞めちゃって、しかも2度目の学生生活を始めちゃってるからね。まだまだ学ぶ身なのよ。

だからもし「なんかすごいオカマの人が人生観とかを説く本なのかな」「オカマさんの説教や毒が聞きたい」と期待してくれているのならゴメンなさいね。

この本の趣旨は教え導くものではなく、一人の人間が考え抜いて、生き抜いてきたことだけを綴《つづ》るもの。読者のみんなと共に考えながら少し背中を押すことくらいしかできない。

その分、みんなと同じようなスタート地点から、一般的な視点や感性で特殊な世界を垣間見て、たくさんの優れた人物たちから色んなことを学ばせてもらったあたいが書き記すことは、これから何かに挑み続ける人たちにとって役に立つものになるのかもしれない。

いわゆる普通の人間が、どんな特殊な世界でも戦える術の一つになるようなものに。

なぜならあたいがゲイの世界で生き抜いてこられたのも、人間を見て、真似て、習い、跡を辿ってきたから。

《自分も上手く生きたい》そう願う人たちへの、ノウハウやテクニック習得の一助として執筆していきます。

さ、あたいの思いや所信表明はここまでにしといて。

じゃあもう少しだけ、あたいの経験則を語る前に、酒池肉林のゲイバーや、フェティッシュなゲイ風俗の実態だけじゃなく、あたいなりの分析も含めた《業界の在り方》を説明していくわね。なぜあの場所にプロが集まるか——そしてプロフェッショナルがなぜ育つのか、それをお伝えするために説得力のある解説だけ済ませておくわ。

まずゲイバーについて。

ゲイバーはゲイが経営するバーで、いわゆるセクシャルマイノリティの方々がメインで来店される楽しい場所よ。場所によっては女性も入れるので、普段は男性よりも性的な話がしづらいとされているノンケ女性にとっても楽しめるお店がある。

なによりやっぱりまだまだ同性愛者だって打ち明けづらい世の中だから、世間でゲイだと隠して生きる人にとっては、バー店内では自分を異性愛者だと偽らずに済むし、数少ないゲイ同士の出会いも生まれる貴重な場所だった。あと他のマイノリティに属すような人にとっても《生き生きとしている少数派》の集う憧れの空間であったと思うわ。輝いてるゲイが多かったもの。スター的な意味でも、化粧のラメ的な意味でも。

そしてそもそもゲイバーという場所は、日々家庭や会社、学校などのコミュニティで消耗している疲れ切った人たちの憩いの場でもあるの。頭空っぽにしてカラオケやお酒で盛り上がり、現実を忘れて会話を楽しむことができるし、会社の付き合いで行くような飲み会や接待と違い、店の人間が全力で楽しませてくれるからね。エンターテイメント的な役割もあるのよ。だからそこで働くプロのゲイはコンパニオンってわけ。若い読者の方がいたら古いワードセンスをどうか許して。

それとノンケ（異性愛者）でも《男性だから》《女性だから》というジェンダーの規範に苦しむ人は多いわよね。あの場所では生き方や考え方に信念や信条がある人もカウンターの内外問わずいた。もはや振り切れたゲイやトランスジェンダーの方もいた。取ったキンタマの写真を見せびらかすニューハーフさんもいた。あれはすごかった。

だからこそ自分の悩みも相談できるし、打ち明ける勇気がもらえるの。悩みと戦うのは自分だけじゃないという孤独を埋め合わせてくれたり、抱えるものをオープンにできる非日常で解放的な役割も担っていた。それがゲイバーだった。

ゲイ風俗もボーイ（従業員）やお客様にとって、ゲイだという自己のアイデンティティをさらに認めることができるお店だった。同性同士で性行為をするという秘密の共有的な部分では、裸で向き合う以上に身も心も密接していた。お互いに本名すら分からないまま、表舞台では明かせない自身のセクシャリティを赤裸々に明かし、夢のような時間の終わりがくれば共に日常の世界に戻っていく。そこには裏表の顔を切り分けるという解放感と安心感があった。だからオキニのボーイが辞めてもゲイ風俗を引き続き利用する人は多い。そこを心の拠り所にしているからこそ、表の生活に励むことができるのだから。

そしてゲイ風俗にはお客様と話し合う時間も多かった。多くの店で最短とされる60分コースでも、常にすけべしているわけではない。トークが肝心で、それを目当てにする人も多い。

よく驚かれるが、ゲイ風俗にはほとんどの店にお泊りコースといって、朝までお客様と過ごす指名も備えてあった。もちろん全ボーイが対応するわけではなく、そこは本人の意思や裁量によって対応するかどうかは選べたけれど。

そんな長時間のコースも需要は大きく、回数を重ねて指名してくれたリピーター様ほど共に旅行するために貸切指名をとってくれることもあった。

そうなれば性行為よりも共に過ごす時間の方がメインになる。そこで様々な業界で働く大人や、様々な生き方をしてきた人生の先輩であるお客様から聞ける話は、とても価値あるものだったとあたいは感じている。芸能関係者や役員などの大御所、地位の高い役職や、格式ある職業に就く人のみならず、自分が経験したことのない仕事をこなす大人すべての話が勉強になった。

あたい自身、職歴としてゲイ風俗にいたことを声高らかに話すものではないと感じるが、ほかの同年代の子が普段関わることのないような大人と過ごせたことは良い経験だったと考えているし、長く在籍することによって、あの世界が性欲を解消するためだけの場所ではなかったと自信を持って言えるようになった。風俗や水商売への《金と欲と愛憎に塗れた場所》という冷たい偏見は年々なくなっていった。

それにボーイ自身にも、同年代のゲイたちと一緒に同じ場所に在籍するという環境は、地元や学校などのコミュニティとはまた違う安心感があったと思う。大学のサークル活動のように、みんなでご飯を食べたり、控え室で鍋をつついたり、初詣や旅行に行ったこともあった。家族にも話せないような好みの男性の話だってできた。ちなみにあたいよりえげつないすけべは年2、3人はいた。

あたいが見てきて感じたゲイ風俗は、在籍者にとってもお客様にとっても《仲間と一蓮托生になる》という安心感を得られる場所で、ボーイもそのための空間と時間と、そして関係性を提供するスペシャリストとして働いていた。

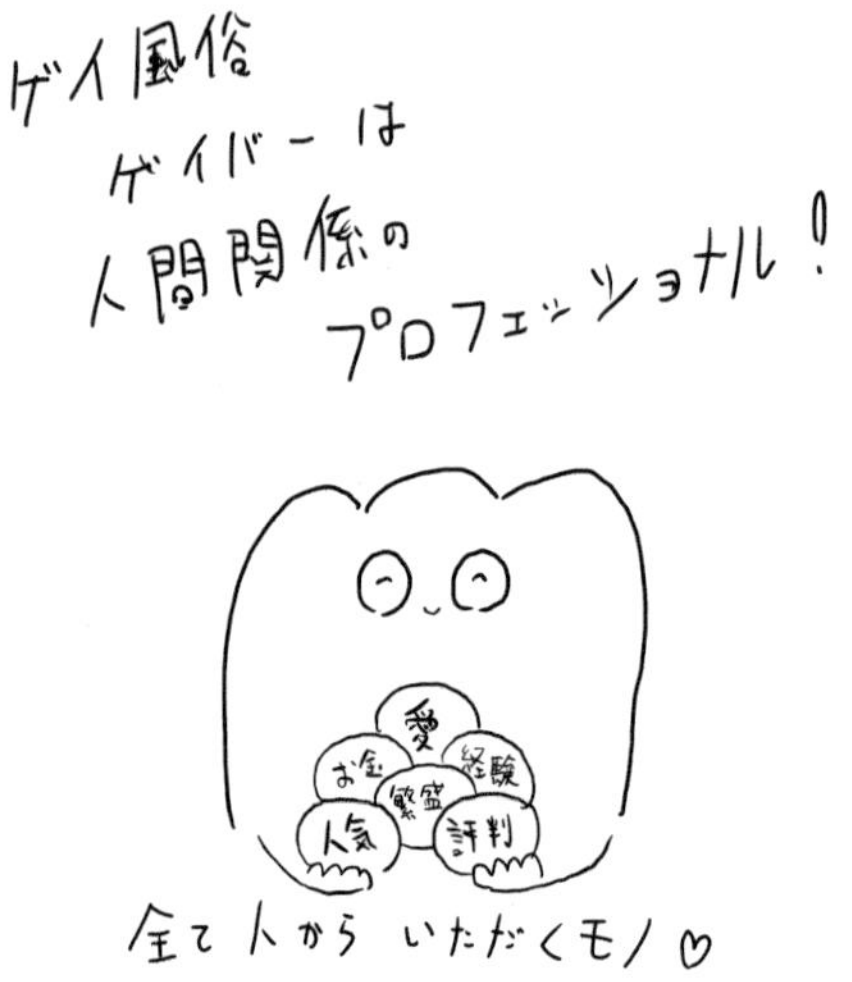
ゲイ風俗
ゲイバーは
人間関係の
プロフェッショナル！
愛
お金
経験
繁盛
人気
評判
全て人からいただくモノ♡

ここまで話してきたようにゲイバーとゲイ風俗には、どちらの場所にもただ性を開けっ広げにするという単純なものに収まらない、人の想いを受けとめ、聞き出し、救って認め合う空間と人が存在していたわ。

これが水商売や風俗の需要がなくならない理由の一つでもあり、また誤解されがちな《ラクに稼げる世界》という考えを払拭《ふっしょく》する大きな一要素でもあると思う。人間関係を疎ましく思わず、他人への敬意を持ち、どうすれば人に満足してもらえるか常に学び続けている姿勢が、あの世界で《ずっと食ってる人たち》の中には確かに共有されていた。

きっとこれらの業界に従事した人や、その関係者に深く関わり、救い救われた人間なら頷《うなず》いてもらえる主張だと思う。もちろんなにも大袈裟にも贔屓目《ひいきめ》にも言ってないわ。

本当に、おもてなしのプロフェッショナルが必要とされる世界だった。


プロフェッショナルと言えば仕事やビジネス、技能や職人の世界においてよく使われている言葉でもあったりするけれど、そういった世界での営業やプレゼン、技術習得やこだわりの仕事だけにとどまらず、対話や議論、情報発信や教育・啓蒙《けいもう》、交友や親睦そして恋愛や家庭などの人間関係――つまり人と繋がって、人と面を合わせて生きるということにもプロフェッショナルは存在すると思うの。だってそれらが上手ければ講演家でも芸人でも生活できるだろうし、巧みに生きる人ならプロのヒモとして悠々自適な愛人生活を過ごすことができるのだから。

そしてそのスキルで食べていくだけに留まらず、仕事の中で大成する人も、得てして人付き合いを成功に収めている。

例えばほら、あなたの周りにもいないかな。

人ったらしで立場や男女問わず好かれて信頼を集め、ビジネスでもプライベートでも人を喜ばすことを得意とし、人との関係を発展させる術に長《た》けている《人間のプロフェッショナル》が。

そしてそんな人たちが職場やコミュニティで成功し、人に囲まれ愛される姿に憧れを持って、「自分もあんな風に上手く生きたい」と切望し、《自分も変わりたい》と感じたから、この本に手を伸ばしてくれたんじゃないのかしら。少なくともまだ《生き方》と《努力する方向》に迷いがないと、メンタルテクニック的な実用書は視界に入らないと思うから。

あたいもそうだった。

ゲイ風俗に入店した当時のあたいは大学の入学費や当面の学費、そして自分一人食うだけの生活費などの差し迫ったお金を稼ぐ必要もあったし、その上でさらに未来を見据えるための安定した自分の能力が欲しくて焦っていた。若いうちは水商売もしやすいし、年上からのサポートも受けられるが、年齢を重ねると、そうはいかなくなってくるとなんとなく理解していたから。だから、仕事も成功して生活も安定して、そして人に囲まれる職場の先輩がうらやましかった。自分もそんな風に年齢を重ねたいと感じた。

だけど、そんな人気者を見ていると、決して人間は経歴や肩書きだけじゃないんだなと感じるようになった。

ゲイ風俗もゲイバーも実力主義の社会だったから、いくら今までの経歴があろうと売り上げにはほぼ直結しない。そこでは肩書きや経歴よりも《人間力》というざっくりしたものが確実に幅を利かせていると、あたいは肌で感じていた。

何よりこの人間力という能力は、お金や売り上げだけでない、目に見えないものの方がたくさん得られるってことも知った。

例えば衝突や争いから身を守る力、面倒なトラブルを避ける力、支えてくれる仲間や何かあった時の味方に恵まれる人間力。相談できる信頼のある人に出会うことや、人情的な繋がりもこの人間力があるからこそ生まれる。人との出会いは運って要素ももちろんあるけれど、その巡り合わせを摑み取って自分のものにするのには力が必要だと思う。

今の世の中、正直言って真面目に一人で粛々と実力をつけるだけじゃやっていけないことも多いと、あたいは感じている。いや昔からきっとそうだった。資格や学歴、学閥や縁故、それらももちろん強い要素だけど、入り口に立つキッカケにしか過ぎない。

あたいは社会人時代にうつ病になっているからなんとなく理解したんだけど、社会に潰されないように物事を運ぶには、自分の実力とそれを信頼して集まってくれた味方や支えが必要で、それらが揃ったときにようやく成功が見え始め、何かトラブルがあっても身も心も守ることができるんだと思うの。

肩書きや資格は目に見えて自分についてきてくれるし、人に自分がどのように生きてきたかという説明もしやすい。何より自分自身、実績の一つとして自信にも繋がる。

あたいは幼い頃に《自分が男性が好き》なんだと気づいたけれど、オカマという差別的なニュアンスで使われるワードだけじゃなくゲイという言葉があると知ってからは、男性として男性に恋愛感情を持つ自分をキッチリと言い表すことができるんだと分かって安心したもの。肩書きは人に対して強い影響力を持つわ。

でもそれは自分の一部を表す言葉であって、結局あとは自分がどうなのか、なんなのかっていうのは深く掘り下げて言葉や行動に出さないと表せられない。ゲイは自分の一部であってすべてではないし、ゲイという生き物はいないのだから。

みんなもそうでしょう。例えば日本人という生き物も、女性・男性というだけの生き物も存在しない、そんなのは自分の一要素の名称だし、それに拘っていればただのレッテルになって、自分をがんじがらめにしてしまうこともある。男性だからこうすべきとか、社会人なら、主ふならこうすべきだとか、日本人はかくあるべしだとか、おしなべて考えれば自分という個々の生き物まで潰れてしまう。

確かに人間力なんて目に見えなくて、肩書きにも実績にも表現できない。せいぜい周りからの「信頼できる人」という曖昧な評価だけ。自身の視点からはどれだけ成長したかも分からなくて不安になるけれど。

それでもいつか物事を切り抜けた時に、過程も含めた結果として自分についてきてくれるものだと思う。

昨今のハイスピードな潮流の肩書き社会で、《人間力》だなんて曖昧で、後からしか分からないものを育てて伸ばすだなんて不安に思うかもしれない。だけど蔑ろにすべきではないとあたいは確信している。

回り道のような人間の土台づくりを、改めて大事にしたいとこの本で感じていって欲しいの。

それがあたいがこの本で目指すもの。

自分を大事にできる生き方――《ずる賢い》という人間力で得る幸福な生き様。

あたいが学んだ《人との繋がり方》の方法の一つを皆様に伝えて、みんなにはその方法を自分なりに取捨選択して活かして貰えたら、あたいはすごく嬉しい。

ここで最後に。
あたいは人に自分の考えを教典のように教え導き、自らその啓蒙の先を歩みたいというわけではなく、
《みんながより良く生きる世界の方が、回り回って自分も生きやすくなる》
というわりと等身大な、小さな野望を持ってこのお仕事を引き受けたの。

この本に記した言葉の一つでも、誰かの心に引っかかり、わだかまりを溶かし、そして気分が晴れたり、生きづらさを解消したり、業績や成績が改善されるなどして、一人でも多くの人が前を向いてくれたら願ったり叶ったり。
だって、あなたといつか出会った時に、あなたが笑顔だった方があたい幸せだもの。

その時は笑顔を携えて、あたいが未来に経営するゲイバーで、一緒に楽しくお酒が飲めたら幸いです。

あたいの略歴

6さい　父が世界

14さい　中学の先生（男）に初恋

16さい　家庭の事情で
高校に通いながらバイトと
男性相手の売春の日々

ボーイ期間
18さい　ゲイ風俗入店

19さい（20さいの年）　大学入学

24さい〜27さい　新卒で入った会社を辞め
ゲイバー入店

アラサーのいま　2回目の学生と作家業

第1章

ずる賢さとは

ずる賢さってなんだろう

この本の題名にもある《ずる賢さ》という観念が、あたいは人生をより良くするものの一つだと考えているんだけれど、きっとみんなの考えるずる賢さと、あたいの考えるそれには大きなギャップがあると思うので、それを埋める説明から始めるとするわ。

まず、この社会は否《いや》が応でも《競争を強いられる社会》というのはみんな知っての通りよね。

最初に出会う分かりやすい競争は学校だと思う。

6歳の頃から同年代の集団の中で、学業の成績やテストの点数という目に見える指標で優劣がつけられてゆくわ。しかも最低でも年3回は通知票が渡されるから、毎回バチバチに争うことができちゃう。みんなも心当たりない？　クラスメイトと点数の勝負したり、最近ではないみたいだけどクラス内順位を競い合ったり。罪なことするよね、学校って。

とにかく、そんな年齢の頃から友達やクラスメイトと実力を比べるという環境に馴染んでいくの。

なんなら人間って不思議で、家庭や学校以外の社会をほぼ知らない幼少期から《点数のつかないものですら人間は競争できる》と知っているわ。

容姿や特徴、個性や立ち位置、キャラクターに交友・交際関係、様々な物事に箔《はく》や上下があることを、子どもたちは驚くほど気づいている。

テレビや親兄弟を通して覗くことができる大人社会から、いかに目敏く学んでいるかが分かるわよね。

あたいたち大人は慣れてしまって気づきづらいけれど、世の中にある広告や宣伝、バラエティ番組や報道などの媒体からは、人が標準や普通というものから外れた時に非難されてしまうシステムや、他人より劣ると蔑《さげす》まれたり、人と違うことでぞんざいに扱われてしまう現実を平気で扱っている様子が窺える。例えば「痩せなきゃ」とか「髪を増やさなきゃ」とか「歯を白くしなきゃ」「成績をあげなきゃ」「人と上手く話さなきゃ」のような能力不足を錯覚させて不安を煽るような広告や、マイノリティが偏向的に扱われる番組などね。

そういうのを見て、子どもたち含め人間は社会に馴染むように矯正されてゆく。それから、むしろ逆にそのシステムの中で勝ち進められれば、他人に優位性を感じられることも学んでいく。いわゆる高学歴で見た目が良く、お金持ちになれば人より人間という種として優秀なんだと気づき目指し始める。あるいは自分には不可能だと思えば、敵視して対立し始める。子どもにとってこの環境は健全なんだろうか、とも感じたりするわ。下ネタばっか言ってる不健全なあたいが言うなって感じなんだけど。

例えば兄弟ですら親から比べられたりすることがあるのだから、この環境から逃れることは社会に属する限りは不可能だろうしね。家庭内外問わず行われるしつけや教育を通して、競争と優位性そのメリットデメリットをメキメキと学習してゆくわ。もちろん社会性とは協調性も含むから悪いことばかりじゃないんだけれども。

でもそれが行き過ぎると、協調性を逸脱したはみ出しものに対する制裁——いじめや差別を生む。社会性が暴力性の原因になるのは、戦争を歴史で学んだみんなもご存知の通りだと思う。

そして集団に属し始めた時からずっと、人は様々な物事の基準に自身を順応させる必要に

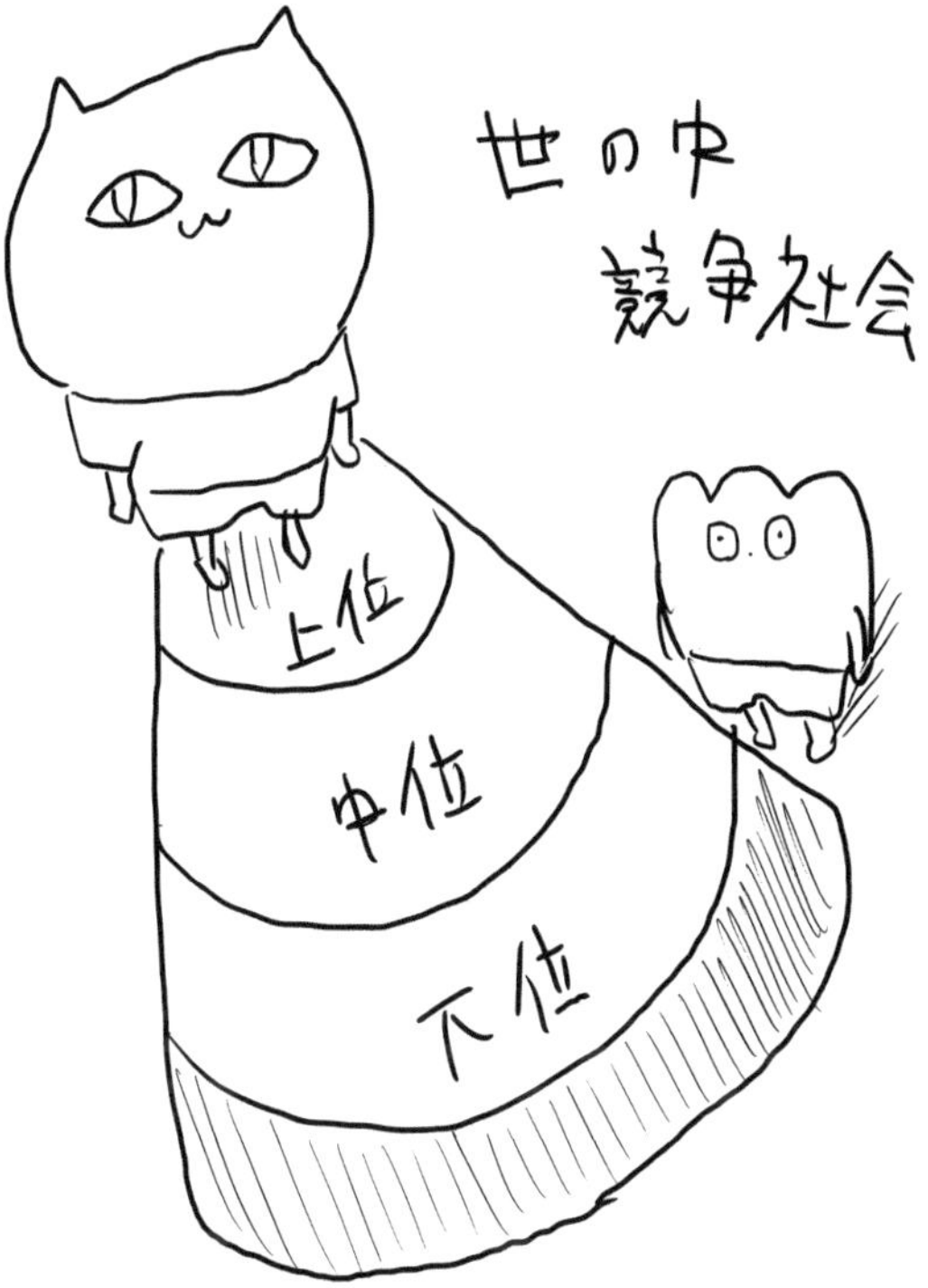

。どこかにヒエラルキーがあり
みんなが100点満点を
取れるわけじゃない…

迫られる（例で言うと校則や地域の常識、世間体など。生まれつき髪が明るいのに学校で黒く染めさせられたりなど）。

また、そんな風に他人と歩調を合わせながらも競争からは逃れられないという矛盾に身を置く。「人より勝りなさい。だけど人から変わってると思われないようにしなさい」だなんて変な話だ。これは学校を抜け出しても、何か集団に属するとなればなかなか避けられないことだと思う。

さらに新たな集団に属せば、その度に違った比較対象の人間と出会い、違った比較基準（どういう優劣の付け方なのか。その指標や成績評価のこと）を突きつけられる。一度成功を収めた人間でも時と場所が変わればそこでも勝者でいられるわけではない。誰だって何度も挫折する苦しみや、優位に立たなければならない焦燥感や、あるいは結果として他人に敗北を与える瞬間にも出くわす。競争に参加したくなくとも《結果》というものは生きている限りどこでも何をしていても生まれてしまうのだ。

だからきっと、読者のあなただって今までの人生のどこかの機会で、《勝者の気持ち》も、《敗者の気持ち》も、どっちも味わったことがあるんだと思うの。

よくある勝敗

。他人を見下し、蹴落とし、
恨みが残る勝敗。
復讐が起こりやすい。

良い勝敗

。健闘・互いを認め合える。
共に前へ進んでいきやすい。
負けが笑われない風潮。

上には上がいるように、下には下がいるものだから。すべて勝つ人間も、すべて負けている人間も存在しないし、勝ち負けを100対0で経験してきた人間などいないはずよ。

人との競争に勝った時どう思った？　勝敗の結果が勝利に終わったことで安心できて、肩の荷が下り、さらには後から自信や満足感がついてきてくれたかもしれない。あるいは勝ち誇って、相手を見下してしまうような気持ちも降って湧いてきたかもしれない。

そして敗北を喫した時、どう感じた？　素直に負けを受け入れたり、半ばヤケクソでも結果に妥協することもあったかもしれない。それとも「もう負けたくない」って感じてリベンジを誓い、勝者たちを恨みこそしないものの、薄暗い感情を覚えたかもしれない。

でも安心して。もし何かに比較されて嫌な思いをしたり、敗北によって人や世界、さらには自分までも嫌いになってしまっても、その感情は《それだけ負けたくなかった》という気持ちの裏返しに過ぎないから。あんまり気に病まないで欲しいの。そういった気持ちは今後の努力のための推進力に絶対なるから。

だからね、あたいは勝ち負けがつくことも、勝者も、敗者も、みんな悪いとは思わないの。

この世界は競争社会だから発展してきたし、競争自体は人を進化させる火種にもなる。

良くないのは《勝敗の付け方》。

つまり悪い競争を煽って得る、禍根の残った勝敗だと思う。

それだけが競争社会でクローズアップされて、《気持ちのいい勝敗の付け方》を話し合わないから、こういったギスギスした競争社会を生み出してしまうんだと思ってるの。

勝ちの価値が、どんどんと重くなりすぎて、誰もが勝ち続けないとすぐに無価値になる世界だなんて生きやすいだろうか。

勝ち負けをなくすことなく、息の詰まった社会をもっと生きやすくできないだろうか。

本当のずる賢さは《人》が好きな人間のもの

気持ちのいい勝敗ってのが、本書の最大のテーマである《ずる賢さ》によって得られるものであり、本当のずる賢さにしかなし得ないものだと考えてるわ。

そして何よりそれが一番《人も自分も傷つかずに済む》戦い方だと思ってる。重要なのはこれが戦い方の一つだってこと。勝負や勝敗から逃げる手段ではないことを留意してもらえると助かるわ。


まずこの《競争が欠かせない社会の構図》を一個人の力で覆すことができないってのは、悲しいけれど現実としてあるわ。一人だけテストを白紙で出しても周りの人間には点数がつけられるように、個人が持つ力はストライキにはなれない。よくてボイコット。

それに自分だけが勝負から離れて生きても、競争的な社会と関わらずに生きなければならないという《人生の選択の幅を狭める》時点で、それは競争社会の被害者とも言えるわ。例えば学校に通わないという選択も、覚悟と意志があるなら別にいいと思うの。義務教育は大人が子どもを学校に通わせなければならない義務がある、という意味で義務教育という名前を冠しているのであって、子どもが通わなければならない義務でも縛りでもない。だけど今の社会だと実際問題学校に通わないで社会に出ると職業選択などで幅が狭まることも多い。それが競争社会ゆえの《肩書きや実績主義》の在り方。少し悲しいけれど選択には当たり前にデメリットが付き纏う。

もちろん人と関わらないことの方が適性があるという人間もいるし、孤立は不幸な結末を迎えるということでは決してない。世の中には幸せな社会的孤立を選べる人もいる。

例えば都会から田舎に移住して晴耕雨読の生活をする人とかね。田舎でもある程度は人と関わらないとならないし、都市部と違った煩わしさもあるけれど、世相の反映が遅く、流行に流されない生き方はまた違った自由を得られるだろう。

あとは都市部でも、周りの何かと競争しなくてもいいくらい独自の立場を築いている人ももちろんいる。その人しかできないという独特な能力でセルフブランディングをして、周りと差別化できてる人とか。唯一無二の需要がある商売ができる人は、同業者との競争が少ないし、収入の多寡にかかわらず満足してることも多い。
だけどその人たちが取る、浮世離れした生活というのは簡単に真似できるものじゃない。めちゃくちゃ覚悟がいることだと思う。大抵の人はこの社会に馴染んじゃう方がハードルは低いし、成功率が高いわ。だから特に夢がない場合は進学するのが吉だという風潮があるんだと思う。何かと選択肢の幅を持つために学歴を得るのはそれまた一つの戦略だとあたいは考えてる。
そうなればやっぱり、ほとんどの人が嫌でも他人と関わって競争する社会に身を置かなければならない。進む度にゴールのない競争と、そこで生まれる感情の諍《いさか》いに苦労してゆく方が安牌《アンパイ》だなんて皮肉で、絶望的な現実に思えるだろう。

だけど、この本を手に取るということは、きっとみんな基本的には《人が好きな人間》なんだと思うの。

人が好きというとまるで接客やサービス業でお客様に奉仕するのが生きがいみたいなイメ

ージが湧くかもしれないけれど、家族や友人、恋人や恩師、同輩や同僚、そういった身近な人たちを好きなだけでも人好きだし、人と人とが繋がる関係性に安心感や幸福感を覚えるのなら、結局それは人が好きってことでいいと思うの。コミュニティや人の集まる場所を求める気持ちは、人好きにしか生まれないし。

あとは自論だけど、自分という人間が好きってのも人好きだとあたいは思う。自分が好きって何も恥ずかしいことじゃなく、自分を認めて堂々と胸を張り、他人と対等に関わるための要素だと思っていい。

自分のことで手一杯じゃないからこそ人のことをよく見て、人のために自分には何ができるのか判断できる理知的な面も生まれる。だから自分を愛せる人間は他人を愛せる準備ができてるってことだと解釈しましょ。

それに、孤独で自分を愛せる人なんてあまりいないから。人って孤独になると自分を責めてしまうか、孤独な自分を守るために自己愛を拗らせて自分を無罪化して、そして周りの人や環境を責めたりしやすくなるの。そういう風に陥らないようにも、できない不器用な自分も許して、健全に自己肯定感を持ち、人と関わって愛される生き方をしたいと願う方がいい。だから自分を好きになりたいと切望することは恥ずかしいことではない。

孤立しても堂々と生きてる人も、心の中にはきっとたくさんの愛が詰まってる。だからやっぱり人間ってみんな始めから強い人なんていないないと思うの。

人がいる空間にいれば色々と考えることが多くて、しんどい思いもするけれど、それでも誰かと一緒にいる空間を知って、そしてそこに身を置くからこそ他人を通じて自分を愛せるようになり、少しずつ強くなれるんだと思う。


結局、人と繫がって生きるこの社会で上手く生きたいと切望している人は、どれだけ打ちひしがれても《人が嫌い》というわけじゃなく、《上手くやれない自分》や《思い通りにならない結果》が嫌いなだけなんだろう。それさえ変えてしまえば、ちゃんと健全に胸を張って生きられると思う。

もちろん競争社会って理不尽で、醜悪な制度もあるから、見るに堪えない争いもある。誠実が食い物にされて、才能や努力が食い潰されて、どうあがいても日の目を見られないこともある。

だからこそすべての結果に満足もできず、すべての人を愛したりもしなくていい。そんなことができたら人間じゃない。あたいらは聖人なんかになる必要はない。

あたいら一般社会を生きる等身大の人間は、社会の生きづらさをみんなで考え、改善していくのと同時に、まずはこの社会での生き方も考え抜いて、避けられない勝敗を上手く利用してできる限り気持ちのいい勝ち負けにしていくことが最善策だと思うの。

じゃないとすべての戦いに挑んでしまえば自分の身を滅ぼすことも、する必要がなかった争いに身を投じることも、不本意ながら人を傷つけてしまうこともある。

ブラック企業や学校内のいじめ、職場でのイザコザに家庭内の不和――。

この世の中には環境を変えづらい争いが蔓延《まんえん》しているけれど、そこで個人として身を守るのと同時に、自分自身も人も傷つけてしまう刃《やいば》や武器を持っているのなら、みんなにはそれを放棄して欲しいと思う。競争にただ興じる生き方は、きっとどこかで耐えきれないダメージを負うことも避けられないだろうから。

そのためにも、自他を守る武器である《ずる賢さ》をみんなで得られたらとあたいは考えてる。

さてさて、じゃあ《ずる賢さ》の説明に移るわね。

孤立的な生き方

都市部から離れる。

独特な仕事をする。

フリーランスや一人親方。
会社勤めより自由度も高いが責任や不安定も付きまとう。

会社など集団に属する道を選ぶ人が大多数。（税金とかも楽）

しかし人に合わせるのにも苦労や困難が。

我や個性が強いと浮きやすい。

社会に属しながらより良く生きるには。

社会を変える集団の力

社会を生き抜く個人の力

この本では個人戦を重視！

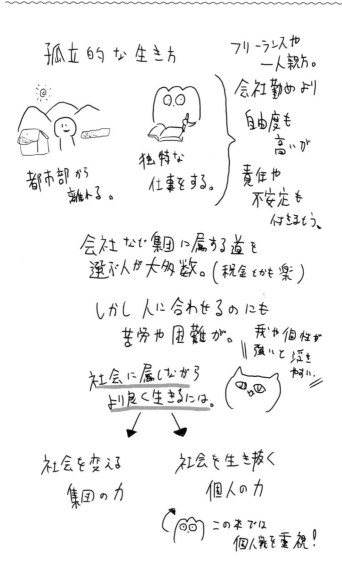

ズルさが得るものは結局、ダメなものばかり

みんなが思うずる賢さとは、たぶん嫌な奴が持ってるもののことだと思う。

人の褌《ふんどし》で相撲を取り、人の威を借り、相手のいない土俵で戦って、涼しい顔で不戦勝を勝ち取ったり、人を蹴落としたり、あるいは自分の手を汚さずして他人を出し抜いたりする人のことを指しているんだと思うの。

「あいつは自分の実力で勝ったとは言えない」「もう一度やれば私は負けないのに」「正々堂々としていないのに評価されるなんておかしい」「ずるい勝ち方だ」「みんながあの人を評価するのは間違っている」「糾弾されずにのうのうとしてるなんて悔しい」

少しでも敗者が「不当にしてやられた」と、煮え湯を飲まされる思いをしたのならばいい勝敗ではないだろう。勝者にとってもいらない恨みや弾劾の可能性を生み出す点で良くないし、負けた側も次の勝負や挑戦のための動機が《復讐や悔しさ・怒り》というマイナス要素

からの出発となるのだから全然いい結末だと言えない。

　もちろん、負けた後も再挑戦のためにまた挑む道に進めるのなら、理由や動機は怒りでも妬《ねた》みでも構わない。ただ、人という生き物はそんな負の感情に取り憑かれてしまうことも珍しくないので、理想論で言えば本当はそんなマイナスな感情なんていつだって持ち続ける必要はないはずなの。

　元恋人を見返すため。親や上の人間の圧力を克服し、下克上するため。加害者に同じ気持ちを味わわせるため――そういう感情を持ち続けると、負の側面であるトラウマまで抱き続けて生きることになる。それは自分の人生の価値を大きく毀損《きそん》する毒になる。毒の礎を胸に刺し続けるという緩やかな自害だと言っても過言ではないわ。いつか心が弱って、潰れてしまう。忘れてしまえとまでは言わないけれど、常に抱える必要はないよと言っておきたい。


　そう、だから禍根の残る勝敗は、長い目で見て、両者ともにリスクが大きい。勝敗が決した後もイザコザが生まれる可能性に満ち溢れている。

　これは勝者が勝利のために駆使したのが、ただのズルさであるからよ。

　あたいはこのズルさをみんなに持って欲しいとは思わない。

そんなのばかり持っていたら、もっとこの社会が息苦しく、結果がすべてという価値観に占められた冷たいものになってしまうから。

column 01

あたいの大学受験

あたいもかつては、母ちゃんを見返すために努力していたことがある。高校を中退していた母ちゃんが「大学なんてバカな金持ちの行く所。お金さえあれば誰でも行ける」と常々言っていたのを覚えている。あたいはそれを母ちゃんの負け惜しみだと受け取った。なのであたいは母ちゃんを見返すために大学受験をしようと決めたのだ。

　しかし復讐のための進学なんて、前を向いているようで、過去に囚《とら》われているということ。

　あたいはゲイ風俗の控え室で勉強をしていた時に、店長から、

「自分の理由で努力しろ。人のせいにして

生きるな」

と諭された。

その出来事が自分の中にある鎖を解くキッカケになった。

だからこそ現代はずる賢く生きる方がいい

もちろん、そもそも競争社会とは過程より結果を重んずる実力社会。

ズルい人間だろうと対局においては先見の明を持ち、相手を出し抜くために先手を打った賢明さと、策略を巡らす技術があるという点は評価されるべきでもある。現実問題、ずるく勝っても勝者は称賛を得ることがほとんど。むしろ智将だとか巧妙だとか言われてしまうなんてこともある。

悲しいけれど《やったもん勝ちな勝利》はこの世に蔓延《はびこ》っているし、清く正しい人が必ず日の目を見られるわけでもない。むしろ純粋であればあるほど利用されて消費される社会の仕組みがそこら中にある。従順な人間ほどずるい人間に搾取されているのが今の世の中よ。

それでもそんな潮流に抗って戦うための賢しさが《ずる賢さ》には眠ってるとあたいは思

った。

あたいの働いていたゲイ風俗には、なぜか誰とでも打ち解けられる人ったらしがいた。見ている限りでは誰とでもある程度仲良くて、険悪な関係の人間がいない人だった。

その子をあたいは何となく意識するまでもなく生粋の善人だと考えていた。人に対する悪意や裏がないから誰にでも受け入れてもらえているのだと思い、自分とは別の人種に感じた。あたいはわりと苦手な人間がはっきりしているタイプだったので、今までの人生では特定の人間と気まずい間柄になることも多々あったが、この人の場合はきっと苦手な人間などいない生まれつき人間好きの聖人なんだと解釈し、羨ましいけれどある種の才能や育ちのよさだよなぁと受け止めていた。

だから彼が人に囲まれている様も、誰かに好かれて慕われる様子も、彼の根っからの人間性による賜物であると考えると《当たり前だ》としか思えなかったわけ。別に他の人間を蹴落としてるわけでもない人間をやっかむ気も起きなかった。

《人気者》とされる人間の中でも、彼はそれを鼻にかけないタイプだった。なんとなくあたいも彼の人懐っこさと飾らなさ、嫌味のなさが好きだったし、彼といれば安心も油断もできた。この油断もできるって点は大きい。人気になるにつれ、あるいは経験を重ね役職や立場が上がっていく中で、どこか遠い世界の人間のようになってしまう人もいる一方、彼はどこまでも信頼できる先輩って感じがした。人に囲まれる理由も十分理解できた。

しかしある日、彼が指名ランキング上位に入った月に、あたいは周りの反応を見て、彼の作り出した雰囲気――つまり立場の異常さに気づいたの。

《誰も彼のランキング入りに対して文句も不当も訴えなかったから》

ゲイ風俗はボーイたちの相性や店内の雰囲気にもよるが、やはり金とプライドが絡み合う人気商売と個人商売な面が大きく占める世界なので、中にはボーイ同士の確執やお客様の奪い合いも発生する。

ましてやランキングに入ることは誰もが密かに憧れるもの。上位特典（ボーナス）などはない店がほとんどだけれど、自分を売る商売に身を置くものとしての矜持がランキング争いへと駆り立てるのだ。そもそもはなから売れるつもりのない人間はこの世界の門を叩かないのだから、競争に身を投げ入れるのは当然の帰結だろう。

「あの子が一位なんて信じられない、ブスなのに」という恨み節も冗談めかしつつも飛び交うような舞台裏。華々しく一位を飾った人間のアンチスレがネットの批評掲示板で盛り上がるような世界でもあった。その書き込みが従業員のものか、お客のものか、野次馬によるものかは判断できないが、少なくとも悪意と影が差す厳しい裏側が存在していた。

さっきも言った通り金銭的なインセンティブがなくともランキングに対する執着心が見受けられた世界だったので、そこには人が持つ承認欲求などの本能的な競争があったのだと思う。指名は売り上げと《人から選ばれた》という自尊心に直結するし、その多寡は指名数や金額という数値で目に見えていて、そこにはハッキリと格差が生まれるのだから。

だけど彼の場合は一位になろうと素直にみんなに評価された。

二位以下の人間が「やっぱ今月はあんたが一位だったか」と悔しそうにもせずに一位の彼に向かって話しかける。まるで徒競走の後のような爽快感のある会話だけれど、それが人気商売の裏側のものだと思うとやはり異質ではある。

彼は店外からの評価も高く、お客様からも「きちんと仕事をしてくれる優良ボーイだ」という信頼もあったが、それと同時に店内での人望も厚かったのだ。

人気商売である限り、他の従業員の需要を奪って食いかねない争いの世界なのに、どうしてって思うでしょ？

それはきっと彼なりの真摯さと、戦術としての生き方が功を奏していたのだと、あたいは考えている。

つまり戦いは決して表舞台だけでなく、楽屋裏からすでに始まっているものだという意識、同じ従業員やライバルにすら無策でいない抜かりのなさが、その結果を意図的に生み出していたのだと思う。


だけどこれは自分の評価のためだけでなく、そもそもは他人に喜んでもらおうと考え、人をいたずらに傷つけることを避けようとした利他的な行いだったからこそのもの。

もちろん本心は分からないけれど、少なくとも周囲から見守っていたあたいには、本当に人のためを思い行動しているように見えた。例えそれがお客様を奪い合うライバルであっても。

思えば彼はいかなる時でも驕らずにいた。支えてくれる周りにはよく感謝し、金銭の授受がないようなことでもキチンと礼を言っていた。彼のために新人がお客様のご案内やお茶出しを行えば、必ずありがとうと伝えているのを見かけた。年数を重ねてベテランになれば、そんな序列や扱いに慣れて何も言わなくなったり、お金を出す人間以外に頭を下げなくなる子もいるというのに、それどころかお客様と旅行に行った際には自腹を切ってお土産を用意したりする細やかさも見せた。お金を稼ぎに来ている人間なのに、お金に頓着ないような振る舞いすら見せるのは、なんだか拍子抜けするようだが、見ていて気楽だった。苛烈なプロは仕事ぶりがよくても敵や誤解を生みやすい。仕事さえこなしていたらいいじゃないかと思っていれば、ひょんなところで足元をすくわれることもある。

勤務年数が長くなれば、初心や当たり前の感謝すら忘れて尊大になっていくボーイがいたのは、人は得てして権威や権力を誤って使うものだからだろう。誰だって軌道に乗れば調子に乗る。だけどそうなれば目下の人間から慕われなくなっていく。そして敵すらも生み出して、四面楚歌へと追い込まれていく。それを分かっていたのか、そもそもの生来の性質なのか、彼は驕らなかった。実るほど頭《こうべ》を垂れる稲穂かなと言ったところだった。ちなみにあたいは最近お尻が垂れてきた。

さらに彼は後輩とも同じ仕事を進んで行っていた。ナンバーワンであろうと清掃作業になれば同僚たちと共に膝をついて床を掃除する。その姿はみっともなさなんてカケラもなくて、まったく無様でも格好がつかないわけでもなかった。仕事や同僚に誠実だという印象しかなかった。

たかが掃除で無様だと思われるなら、そのように思う人間を相手にしないだけだったのかもしれないが、彼は決して周りの人間から舐められるようなこともなかった。先輩やランキング上位者としての格や面子を保ちながらも、親しさや身内感を出すのが巧かったのはその分け隔てない人懐っこさと、権威に溺れない誠実さがあったからだろう。だけどむしろ逆にその姿勢と実力が、結果権威に繋がっていたのだ。みんなが彼を慕っているからこそ、彼を馬鹿にはできなかったのだ。

この塩梅《あんばい》（バランス）は神がかり的だと思う。なぜなら尊敬を集めない一位は、不相応ということで同時に不平不満を集めてしまうものだから。あんな奴が一位なんておかしいだろってなれば、存在そのものがヘイトを買ってしまうのでどうにも逃れられなくなる。

そして一位にふんぞり返っている場合は容赦なく蹴落とされるもの。この手の一位も凋落した際はいい気味だと周りに罵られ、救いの手すら差し伸べられなくなる。

一位になる努力と、一位を冠する自尊心、一位である事実を謙遜もせずに堂々と受け止め

1位になること・
勝つことだけを目的に
してしまうと
イザコザが生まれる。

目的・目標・夢

つまり
勝利の先の
ゴールを
見すえれば
勝ちは過程に
すぎないの。

る胆力。そしてその地位を無駄に濫用しない実直さ。
一位になるのがゴールではなく、どう一位になるかを知っている人間の姿勢だと思う。

彼は、人から奪った一位と、自分で勝ち取った一位の違いを、よく理解していたのかもしれない。争いの果てに勝ち取った一位にはその先に争いが続くと分かっている。途方もない争いに身を投じる前に、どうすれば競争によって生まれる結果が《ただの通過点》にしか過ぎないということを周りと共有できるか、彼は考えていたのだろう。だからこそ内部の人間と仲良くした節もあるとあたいは考えている。
その彼の姿勢には《みんなで結果に満足する》というフェア精神に基づくものがあった。

そう、結果はあくまでも自分で出したものだ。環境や周囲に影響されようと、それらを無視して考えることはたらればに過ぎない。どのような結果も、自分が全力や知恵を絞り出したかという自問自答がない限りにはきちんと見られない。無思慮な責任転嫁ほど楽で簡単なものはないから、人は得てして転嫁してしまう。例えば、目立ちやすい一位などの矢面に立つ人間に。

だからこそ彼は、自分がどのように戦っているのかを見せた。気配りや配慮する様を裏側にも見せることによって、一位を取る実力の裏付けを行った。

テスト前に無勉強だとアピールして一位を取るのと、普段から勉強を頑張って一位を取るのと、どちらが恨みや反感を買いやすいかというと一目瞭然だろう。前者は「あいつは嘘つきだ」「周りを油断させて出し抜いた」「人を騙した」「自分たちは油断したから負けたんだ」と責任転嫁されやすい。自分の点数は相手が何点であろうと変わらないというのに。

彼のその裏工作にも近い誠実な戦略によって、その時のゲイ風俗ではほとんど誰も、彼に負けても《自分が負けるなんておかしい》とは思わず、彼の勝利を裏付ける説得力を知って《これなら負けても仕方ない》と感じるようになり、あるいは自分の結果だけに集中できて勝敗すら気にならなくなるほどでもあったの。

彼と拮抗している人間は彼を《気が引き締まる》と認めているし、時に彼に売り上げやランキングが勝ったボーイも《勝てて嬉しい》と心から勝利を喜び、今後も気持ちのいい勝利のために励むことができていた。

すべての競争の仕組みや、勝敗のサイクルが健全化し、滞りなく動き出す瞬間を、あたいは目の当たりにした。

競争とは、自分自身の努力や能力を見つめ直すために分かりやすい結果を示す場所で、本来は他人を蹴落としたり恨むようなことは起こり得ないはずなのだ。

健全に競争が働くのにはみんなが誠実に勝負に向かい合う必要がある。でもそれは理想論でしかないから少なくとも一位になる人間は、誰よりも誠実で、ずるをしない人間でないと健全化は叶わない。

彼が正当に一位を勝ち取ったから気づいた競争の本質だった。

この競争社会の仕組みを変えることなく、人がズルをしてても自分はズルをすることなく実力で勝負したからこそ、ズルさの価値や正当性が競争からなくなったのだ。

さらに言うならば、世の中には勝たなければならないと追い詰められた感情で勝利を収める勝者がたくさんいるけれど、彼の場合はやることをやって結果勝てればいいという考えがだったのか、あまり苦しそうに戦っていないように見えた。またその余裕も、人からは安定してると評価される要因になっていた。おかしな話だけど、がめつくはないがしっかり努力をして上を目指している人間を、人は強かで尊敬できると評価するのだ。

これに気づいた時、あたいは《ずる賢い》と唸った。

感動と悔しさ、両方をブレンドしたような気持ちの良い感覚だった。

あたいが思うに、ずる賢さはほとんどの人にずるいと思わせないための誠意があるの。そしてその誠意の作戦に気づいた時、妬ましいとも悔しいとも思わず、ただ単純にそんな生き方が《羨ましい》と思ってしまうのだ。気づく人間ほど、より良く生きようと思える人間ほど、そのずる賢さという人間らしいスキルに憧れてしまう。

つまり彼ら人たらしで誰にも憎まれない存在ってのは、そうなるべくして生まれたのではなく、そうなるように事を常に運び続けている盤上管理のプロフェッショナル。最も身近なところに存在するプロだったのだ。

戦うことから逃げない真摯さ

これがずる賢さという戦法。

そして今もあたいが学び続けている《憎まれない戦い方》。

戦うことからも、人と向き合うことからも逃げず、いい結末のためには折衝と駆け引きをすることも躊躇《ためら》わない。

だけど自分のためだけじゃなく、人のためも考えて動き、《なるべく誰もが傷つかない、そして気づかない――あるいは叶えるのが難しくて見ないフリをしていた理想論》を徹底して狙いすましてゆく無血の智将なの。

表舞台に出て、人と関わって競争はするのに、できる限り嫌われたくないだなんて都合が良くて、みんな無理だと思ってる。だけど《自分は嫌いだけど、好かれる理由は分かる》と相手に思わせたなら、嫌われたって争いは生まない。生き様に説得力を持つならば、嫌いすらも承知して前に進める。

しかし現実問題、そう上手くできないからこれが難しい。

だって、この社会のパイというのは限られているから。

お客様の数、報酬や対価、経費という経済要素、そして好意や人望という数値として可視化しづらいものにも社会が享受できる限度が存在している。身近な例でいうと、推しているアーティストやアイドル、好きな作家やスポーツ選手、そのような応援できる人間やコンテンツの数には限界があるのと同じだ。

つまり誰もが奪い合いをしているの。ファンや消費者という支援者に始まり、時間やお金という概念までも。

こんな資源の奪い合いのような考えが、人を出し抜かなければ損をするというギスギスとした風潮を生み出したり、略奪や強奪、侵略に支配――そして戦争へと繋がっていくんだろうね。でもみんながうっすらと持っている本能的なものなんだとも思う。人類は競争によって発展してきたという面もあるのだから。

それを、少しでも奪い合うという感覚をなくすことができれば、勝者や敗者に余裕を持たせることもできる。

1位や勝利だけに囚われず

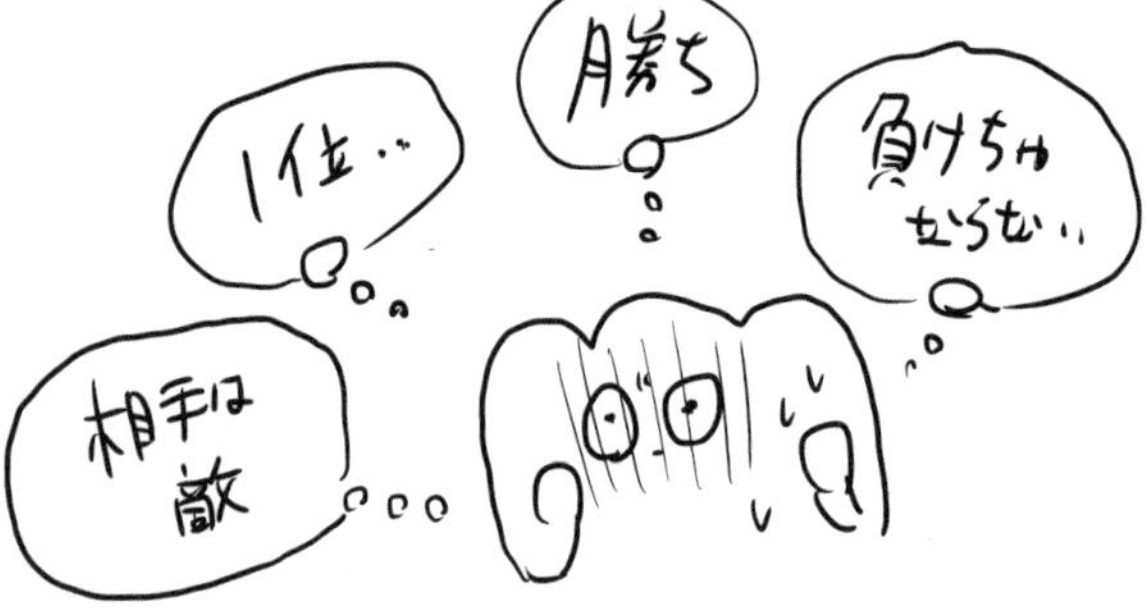

勝負する相手や意味を見極める。

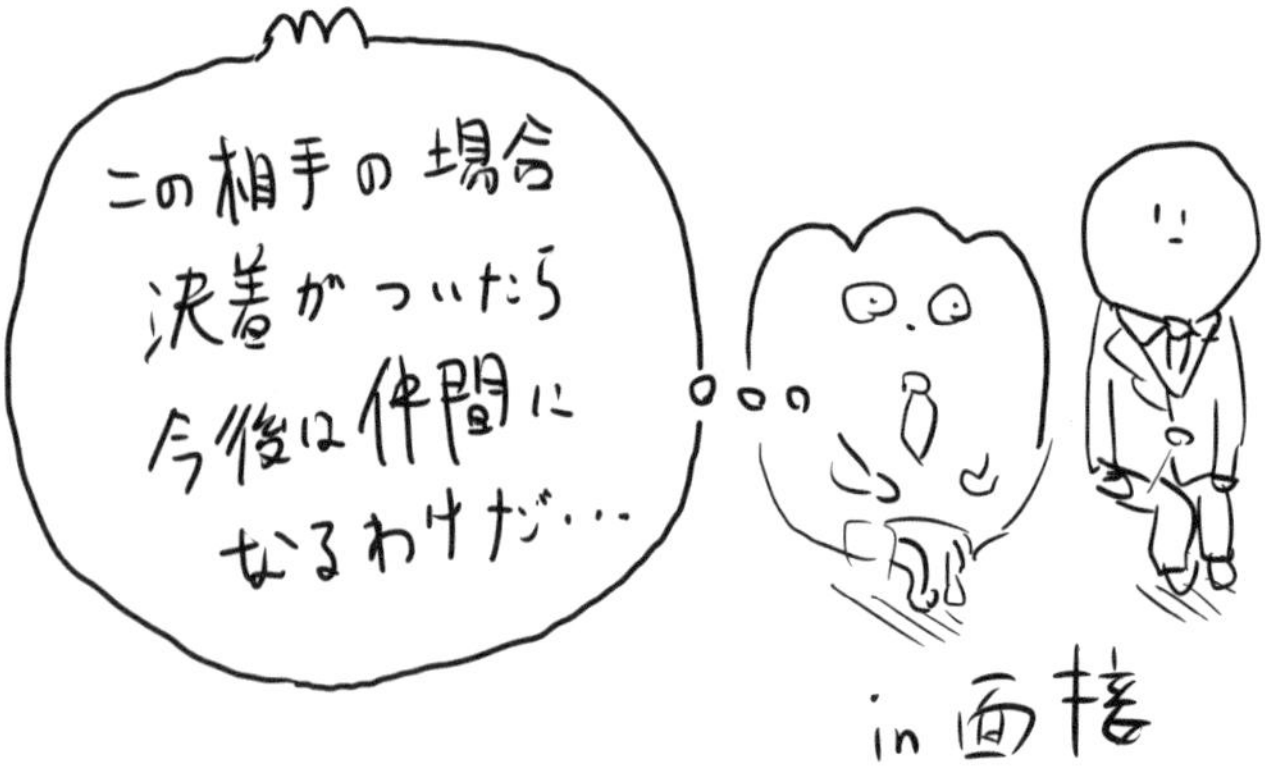

それがずる賢さという、攻めの姿勢による平和的な処世術なんだと思うの。

ここからはそうやって臆することなく人と関わり、制度や人の心の機微に挑みながらも、ずる賢くみんなを幸せにしてきたスペシャリストたちのエピソードや、あたいの考えを書き綴っていこうと思うわ。

column 02

ゲイ風俗
ナンバーワンの男の子
ハルカ

あたいがゲイ風俗に入店したのは高校卒業前の18歳。
卒業式直前にひょんなことから母ちゃんにゲイだとバレてしまい、勘当されたついでに家出して東京に飛び出し、お金や住むところのためにゲイ風俗の門を叩いたのだった。

ゲイ風俗、通称売り専（ウリセン）。
かつてゲイ男性が体を売っていた時、異性愛者（ノンケ）男性相手に、「恋愛関係に発展はせず、あくまでも体を売る専門だ」という意味合いで使われていた隠語だったらしい。

ウリセンバーという指名可能形式のゲイ

バーやマッサージなどをメインとした出張専門店などもあるが、基本的にはテナントビルなどの店舗やマンションを借りている店が多く、そこに店内個室とボーイたちの控え室を構えている。

指名が入れば個室かホテル、あるいはお客様のご自宅に向かい、性的サービスを行う。店舗ありのいわゆるデリバリーヘルスのようなもの。お客様はゲイやバイ問わず男性のみの利用となっている。

客数や忙しさについては時期によるが、そもそもゲイ人口自体が少なく、ゲイやバイの男性がみなゲイ風俗を利用するわけでもないので業界全体の顧客数はそこまで多くない。売れている子でも1日多くて4〜5件程度。稼げる子は月100万近く稼ぐが、大半のボーイは他のアルバイトの仕事と同じくらいしか稼げない。不景気の時はコンビニ夜勤の方が稼げるとまで言われた。それでも働き手が絶えないのには様々な理由がある。

あたいが入店した店は業界内で中堅くらいの規模で、ボーイの数も数十人。待機人数も常に十数人はいるほどの、まぁまぁな繁盛店だった。

初めはピチピチの18歳ということであたいも売れに売れたし、以前から個人売春（家庭の事情で高校生の頃から男性相手に体を売っていた）の経験があるので、ある程度客あしらいを知っていたから瞬く間にランキング入りを果たした。

しかし一位のボーイの壁は厚かった。あたいはとうとう10代の間、一度も一位をとることは叶わなかった。

ゲイ風俗のランキングは単純な売上の多寡や指名数の多さによるものではなく、リピート率や指名時間の長さなども加味して計算されるわ。

というのも、一般的な風俗（異性愛社会）と比べて圧倒的に利用者数も潜在顧客数も少ない中で、いかに限られたパイを獲得し太く長く続かせるか、ということが業界では肝要であり、それを組織の評価基準に組み込むことによって業界の存続を図る必要があったのだと、あたいは解釈してる。お客様にとってもゲイ風俗のお店って無限にあるわけじゃないし、ゲイ向けの性サービスって、ウリセンかマッサージくらいしかなかったからね。あとはもう自由恋愛（ゲイバーやハッテン場という出会いの場や、ＳＮＳと掲示板くらい）だけだ。そのせいか、性サービス関連を利用する人は、とにかく長いこと業界を利用してくれる人が多い。いかにそんなコアな客層を店や個人に繋ぎ留められるかが重要ってわけ。

かっこいいだけじゃ
行き詰まる

トークやキャラが
立っても
壁にぶち当たる。

1位（トップ）になる
人間は
一体どんな
＋α
（プラスアルファ）
が…？

キャラ濃い
100万円超えがトップレベル

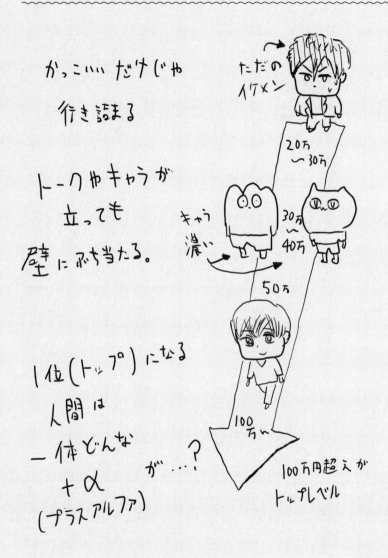

当時の一位であるハルカという源氏名の男の子は、あたいよりも歳上で、ゲイ風俗という業界においてはそこまで若い方ではなく（といっても27歳前後だったかな）、見た目は華やかで格好良かったが、どうして《不動の一位》を築くことができてるんだろうと疑問だった。だってカッコいいだけじゃ売れていない男の子も多くいたから。

あたいには彼の存在がゲイ風俗という競争社会において憧れでもあり、さらに矛盾する存在でもあった。彼が一位にいられる理由はきっと目に映る物だけじゃないはず。見た目だけじゃない魅力を知りたいなとずっと考えていた。

まずハルカさんのことで頭に浮かんだのは「経済的に太いお客様をあの手この手で籠絡（操ること）などして、大量にリピートさせて稼ぎ倒し、一位を力業で獲得しているのだろうか」ということだった。実際他店には一人のお客様に月50万近く使わせている人間もいた。良くも悪くも風俗業に対する偏見や先入観から、あたいは勝手なイメージで彼は手段を選ばないがめついヤリ手だと思い込み畏怖していたが、そうではないと周りの歴の長いボーイさんや、昔からハルカさんを指名していた人たちに教えられて、あたいは誤解や先入観を捨てた。

ただ単にハルカさんは、いろんなお客様と信頼関係を築き、数年レベルの長い付き合いをしていて、そのリピーターの多さからランキング上位に難なく入ることができているだけだと聞いたのだ。別に無理させて貢がせているわけでもなかった。１００人のお客様がいなくても、20人のコアファンがいれば良いというハイブランド的な商売でここまでやってきたみたいだった。

経済学でもパレートの法則というものでは《上位2割のコアファンが売り上げの8割を占める》と統計上導かれているが、まさしく彼の場合がそうだったのだ（ゲイ風俗はボーイたちで予約管理や接客・お茶出しをするので他のボーイのお客様も把握しやすい。あたいは自分の目でも彼のリピート指名数を知って驚いた。一ケ月の十数人のお客様で40件以上の予約があった）。

ある日、ハルカさんとあたいの同時指名（デートコース）を受けた際、

「ハルカさん、リピーター様をどうやって捕まえたんですか？」

そうやって彼に聞いたことがある。

するとと彼は、なんの他意もなく、

「巡り合わせだよ。いい人たちと出会えたってだけ」


とサラッと返した。

嫌味でも謙遜でもなく、彼が長年この業界にいて自分なりにそう感じただけの言葉だったんだろう。実際とてもいい子が景況感や、他の同ジャンルボーイとの需要の重なりの兼ね合いから鳴かず飛ばずになることも多々あった。だから、自分がそういうどうしようもないものに遭遇することもなく、また良い他人に出会えたからだ、と成功要因を自分以外に移すことは、きっと彼の本心でもあり真理の一つでもあったんだと思う。

あたいはそれを聞いて「すごいな。もっと驕ったり、鼻高々になってもいいのに」と思い、また自分の浅ましい考えを改めた。

ゲイ風俗は基本的に受け身だ。

出勤すれば控え室で指名を待つ以外は何もできない。指名されてようやく仕事につくことができて、自分を売り込む戦いが始まる。つまりボーイはお客様を選ぶことも、呼び寄せて集めることも直接的にはほとんどできないのだ（もちろんボーイの見た目やプロフィールはお客様を惹きつける要素になるが、それもボーイ本人からは直接的でなく間接的な影響しか与えることができないし、禁止されていることだがリピーターを個人的な連絡などで店に呼び込むことも、一度指名されて出会ってからでないとできない手段だ。ボーイはまだ出会ったことのないお客様を、もどかしいがジッとただ待つしかない）。

彼は自身の置かれている立場を冷静に見ることができているからこそ、自分の地位が自身の力だけでないことを理解していて、そんな一歩引いた姿勢を見せることができていたんだと思う。

こういう考えがお客様へのキチンとした感謝にもなるし、自分の力の範囲を的確に知ることにも繋がっている。

なんでもそうだけど全部自分の力だ、って思い込むのはとても危険だ。そんな考えでは懇意にしてくれているお客様や、自分よりランキングや年数の低い店内関係者を下に見てしまうだろうし、受けた恩に対して感謝もできなくなる。年々人に頭を下げられないようになり、そして売れなくなれば売れない自分を許せなくて追い詰めるようにもなってしまうだろう。

しかし頭だけでなく、格や立場も自ら下げると問題が発生するわ。

お客様には《会いに来てくれてありがとう》という感謝の念を持たないとならないのは当たり前だけど、この感謝が遜《へりくだ》りすぎると《自分なんかを選んでくれて申し訳ない気持ちで一杯です》と過度な謙遜や、自己の安売りにも繋がるわ。

こんな自傷的な振る舞いはお客様とのパワーバランスを崩壊させ、尊大な相手をつけ上がらせてしまうこともあるし、トラブルになったりもしやすい。それに、自分という人間のブランドを毀損（安売りや卑下）することは売り上げの維持や自己防衛を危うくするだけでなく、お金を払ってくれたお客様への裏切りにもなる。お客様は《自分なんて何も力を持っていないです》なんて言ってる子に、特別な応援をしようとは思わない。あっても保護や同情。そんな関係がいつまでも続くことはない。

ゆえに《お客様が自分にしてくれていること》を的確に見分けるというのは、すごく重要な能力なの。ビジネスの有り難みや、自分がすべきサービスの限界を見分けられるから。これは謙遜でもあり冷静さでもある。ハルカさんの巡り合わせ論も、まさしく風俗という世界においては正論であり冷静で聡明な考えだった。

とにかく彼は、冷静で隙がなかった。

図にも調子にも乗ることなく、淡々と現実に向かい合っていた。

ちなみにあたいは20歳になってランキング一位を取った時、めちゃくちゃ調子に乗って自分が世界一美しいゲイなんだと勘違いしてしまったが、よく周りの声を聞けば「田舎臭くて可愛い」「イケメンではなく愛嬌のある顔」「近所のスナックのママっぽい。素朴感がいい」と、わりと癖のある評価しかされていないことに気づいて膝から崩れ落ちた。

世界一美しいのではなく、なんか素朴で、正統派でも秀美でもないから愛されていたのだ。

そういうタイプの需要があたいにはあったのだ。

当初はそれでも世界一美しいはずだ、と決して自分が素朴系だと認めなかったが、段々とそれが自分の良さだと認めることができて、あたいは等身大の自分を愛して生きることに決めた。

なので世界一美しいゲイだとは言わず、謙遜して北半球一美しいゲイだと、今では名乗っている。

周りから、そう言って褒められたことは、まだない。

大事なコトは

成功要因や 努力する範囲を

ごっちゃ混ぜしない

冷静さ!!

人気者が一位になったとき
ハルカおめでとう
出勤数増やした甲斐あったよ
ご飯行きましょ
ワイ
ワイ
どうやったら一位になれるんですか

あたいが一位になったとき
もちぎさんが一位とかウケる
ポテト奢れよ
運だな
宝くじ当たるより運使っちゃったんじゃない？

ま もちぎさん でも 他店の一位よりはマシっすよね
あー 某大手のな
なんかあったの
お客に指名だけ大量に入れさせて
自分は寝てるんだって
お客
お客
1位
お客から恨み買ってるらしいぞ
そんな一位に意味あんのかな？
気持ちよく一位取れなきゃ
本当に心から喜べないでしょ
あたいは気持ちよく一位取れたよ
性的に
うるせぇよ

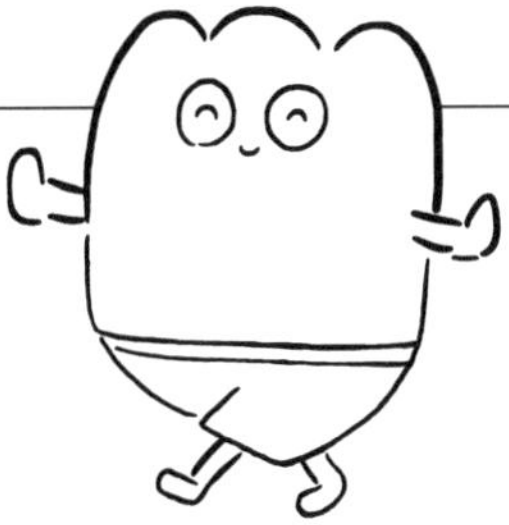

第2章

〝リーダー〟も、ずる賢い!?

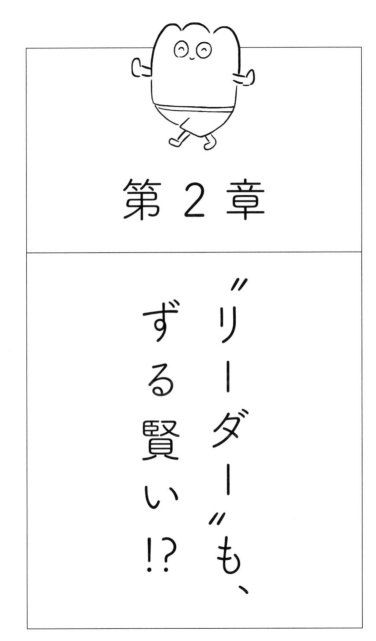

ゲイ風俗に入店したのは冬のことだった。

着の身着のまま飛び出したので、ダウンジャケットの下は厚手の長袖一枚。原付で幹線道路を走っているとツンと冷えた空気が腹の底まであたいを冷やした。

高校の卒業式を待たずに家出し、行くあてもなかった。

とりあえずで東京に来たけれど、先行き不安だったわ。

まずはネットで泊まるところを募集して、顔すら知らないゲイ男性の家に転がり込んだ。

それから入寮できるゲイ風俗を見つけて駆け込んだの。高卒資格はギリギリ得られたので、お金を貯めてから大学になんとか行こうと思ってね。そのための土台に選んだのが、風俗という世界だった。

あたいが家出した理由は、まぁざっくり言うと《母ちゃんにゲイがバレたから》なんだけど、そこに至るまでの詳しい話はあたいのエッセイ『ゲイ風俗のもちぎさん　セクシュアリティは人生だ。（KADOKAWA）』『あたいと他の愛（文藝春秋）』『ゲイバーのもちぎさん（講談社）』等に描かれているのでよかったら読んでみてね。ちゃっかり宣伝ですわ。

本書ではあたいの個人的な遍歴は割愛するとして、ここではまず、その時に出会ったお局ボーイの《ずる賢さ》に焦点を当てて、お話を進めていくわ。

偉大な大先輩

彼の源氏名は骨子（仮）。

みんなからお局のお姉さんとして、敬意を込めてボネ姉と呼ばれていたわ。

見目麗しく、いわゆるジャニ系（ジャニーズにいるような可愛い男の子のこと）。

それでいて中身はドのつくお姉さん。オネェ系というやつでもあった。


さて、彼の話に入る前に、まずは何度も申し訳ないけれどみんなが知らない世界の説明からさせていただくわね。

ゲイ風俗業界は、男性たちによる男性相手の業界だけれども、一般的な風俗である花柳界の特徴も持ち合わせているので、やはり花を売る仕事――悲しい言い方だけど、競争的な面以外にも、ボーイたちには商品としての華の期限があった。

ゲイ風俗でのメインストリームである『美青年系』の店だと、それがどれだけ端正で美麗な見た目の（つまりめっちゃ美しいあたいのような）男性であっても、不文律で、およそ30

ボネ姉
ゲイ風俗(ウリセン)のお局
年齢不詳
見た目はゲイ風俗業界では
売れ筋のジャニ系・美少年系
全盛期は月100万円稼いでた。
オネエ口調のおもしろい兄ちゃん。

歳までが消費期限となっているわ。別にアラサーに近付いたからといって退店しなきゃならない訳じゃないけれど、お客様の需要として若いほど価値は上がる現実があるから、歳を重ねれば美青年系の店ではメッキリ売れなくなる。シビアよね。

またそういった店での年齢表記は最高でも24歳か25歳ほど、と暗黙の了解で定められている。

20代後半の男性たちがこぞって24歳や25歳を自称する様は、なんだかアイドル界のような厳しい世界に似通っている気がする。明らかに年齢詐称だと本人だって分かっているけれど、言うのは無粋なので、徹底して年齢を隠し、夢を売るのだ。それがプロの世界。お客様だってなんとなく年齢が嘘だって分かってる。でも見た目年齢が若ければいいのだと暗黙のうちに受け入れてるわ。たまに「指名したら明らかにおっさんのボーイが出てきた」ってクレームも入るけど。

もちろん年齢があまり関係のない風俗のジャンルもあるの。

体育会系やＧＭＰＤ（ガチムチ・ポチャ・デブのこと）と呼ばれる体の大きな男性ではエイジズム（年齢差別）はちょっと薄まる。そのジャンルのゲイ風俗では30代のボーイが実年齢のままで堂々と在籍しているわ。なんなら40代50代の体の大きいボーイがいる店もある（リーマン系、パパ系、兄貴系と呼ばれる。あたい、そういう人たちわりと好み。テヘ）。

これは美青年系の店よりも男性性を売りにしているからだと思う。

男が歳食っても劣化とは言われにくいでしょ？　アイドルとして売ってる男性、それこそジャニ系は若さという売れ方があるけれど、一般的な男性は若いとナメられたり、ガキ扱いされちゃうことが多い。

男らしさという点においてはむしろ年齢をある程度重ねている方が、脂が乗っているだとか熟しているとかいって価値が上がるわ。そういったものはゲイ業界にある男らしさ文化の中でも存在してるの。豆知識よ。

ボネ姉はあたいが入店した当時でも、実年齢が少なくとも26〜27歳前後（推定）で、更にはゲイ風俗に在籍して長いお局さんだった。確か店でも一、二を争う古株だった気がする。7年くらい在籍してたんじゃないかな。

つまり業界内におけるフレッシュさというものは随分昔に枯渇している人間だった。しかも、ゲイ風俗をよく利用したり、長いこと見知っている人間なら、ボネ姉の写真を見れば「ああ、どこどこのお店の子だよね。よくサイトで見かける。まだ働いてるんだ」って言われてしまうほどの知名度。もちろん彼が売れていて露出が高いからってのもあるけれど、それほどまでにゲイ業界は狭いからってのもある。トップレベルの子なら、ゲイタウンを歩けば指名したことのない人間でもなんとなくプロの子だと察してしまうこともあった。ボネ姉はそういうタイプの、看板的なボーイだったわ。

彼は、周りの若い子にも、そして《若ければ良い》という風潮にも負けずに最前線で売れ続けるスター的存在だった。ゲイ風俗サイトのトップページにも、アルバイト募集ページにも顔が出るくらい《イケメン》《ホスト系》《プレミア感のあるボーイ》として代表的に扱われていた。繁華街とかでホストクラブとその店の代表ホストの写真看板を見たりするでしょ？ あんな感じでボネ姉もゲイ風俗サイトのトップを飾っていた。

だけど彼よりずっと若い子は、次々と雨後の筍《たけのこ》のように湧いてくる。ゲイ風俗では毎週のように男の子が面接に来るし、春の新生活シーズンや学生の夏休み期間などはますます多くの新人に恵まれる。しかも彼は飛び抜けた容姿を持っているわけではない。綺麗だけど、芸能界などでトップを取れるとかいうのとは別。彼より見た目だけは華があって美形な好男子はたびたび入店してきた。

その度にニューウェーブの荒波に揉まれながら、業界内に自分の場所や立場を確保し、居座り続けなければならないのがゲイ風俗然《しか》り——人気商売の常であると思う。

そして現実は甘くないので、ほとんどの人間がいつまでも一位になれないか、なっても時の人どまり。途中で競争から降りていく。絶対的不動のトップも、永遠には続かない。

日本の場合だと年功序列や役職制度もあるので経験豊富な人間が地位を上り詰めていくが、能力主義で実力順にしてしまうと真っ盛りな若者が上に立ってもおかしくないことがある。もちろん組織だと上に立つのは勤続歴の長い人間になるのが妥当な場合もあるけれど、個人戦である商売や競争においては、旬や盛りを過ぎた人間には過酷な状況が待ち受けているのが現実だ。

もちろん、ボネ姉以外にもゲイ風俗に長いこと籍を残す先輩もいた。ただし、それはただ業界にずっといるってだけで《長期間ずっと売れ続けている人》ってわけではなかった。過去の栄光にすがって居座っている、と後輩に揶揄されることもあるような売り上げだった(月3万から5万程度)。

前線で戦い続けることのできる――つまり生活できる程度に稼げるボーイは数えるほどで、ましてや勤務歴が伸びれば伸びるほどその割合は減っていく。

だけど、どんなイケメンが入店してきても、ランキングや人気でずっと引けを取らないボネ姉はスゴいんだなとじわじわ気づいていった。その人気の理由を探りたいと、あたいは感じた。

忠告〝目標を失うな〟

少し話が逸れるけど、ゲイにとって同じゲイ同士で集まれる場所は多くないの。

ゲイバーだって、特有のノリや文化に馴染めない人間は多くて、ゲイならばみんながみんなそこに飲みに行っているという訳ではない。新宿2丁目（日本一のゲイタウン）に行ったことのないゲイの方が多いだろう。

あの街のゲイバーはわりとごく一部のゲイの方々のリピートと、街中でのお客様の循環で存続している。そしてマイノリティで、もともと絶対数の少ないゲイのさらに一部だけを相手にしてるばかりじゃ経営は成り立たないから、今や多くのゲイバーでもゲイ以外の入店を受け入れている。

さらにあたいが在籍していた当時はスマホも今ほど普及してなくて、SNSやゲイ専用マッチングアプリなどもまだ賑わっていない（というか誕生していない）時代でもあったから、ゲイが集まる場所はさらに限られていた。

ネットにあったのは、個人的なやりとりができるゲイ専用エリア（地域出会い）掲示板やゲイコミュニティくらい。匿名性が高く、横の繋がりもない一対一の秘密裏なもの。

だからゲイ風俗には、在籍する子たちにとって対面式コミュニティとしての役割もあった。指名がなくても店に居座って、同世代のゲイの男の子たちと関わりたいという思いが少なからずある子たちもいた。

あたいはそういう動機も望みも仕方ないと思う。一般社会だとまずゲイだと明かせないことの方が多いし、ゲイと公表できても安心感が得られるような場所ってそう多くないもの。家族ですら打ち明けるのは実際問題リスクまみれ。あたいみたいに家を出ざるを得なくなることもある。

しかし、そんな風に居場所を求めてという理由で風俗に身を置くなんて、本当はとても危険なこと。なぜなら長居すればするほど、その分様々なリスクに晒《さら》されるってことだから。

それを教えてくれたのはボネ姉だった。

「若い身空でね、性病や人間関係トラブルが少なくない危険な世界に残り続け、そしていたずらに時間を浪費するような真似するのなんて、まぁ正直言って馬鹿げているわ。そうやって夢もなく、ここに居座り続けると一般社会に戻れなくなるから、あんたはちゃんと目的を持って働きなさい。後悔した時には取り返しつかなくなることなんて人生にはザラにあるからね」

とあたいに忠告してくれた。

そんな彼には目標があった。ゲイ業界での経験を積み、人脈を広げつつ、お金を貯めて自分の飲み屋を開くというものだった。ゲイ風俗という一歩間違えれば堕落や挫折をしかねない世界で、芯をブレずに持ち続けて、目的のために虎視眈々《たんたん》と邁進《まいしん》していた。具体的な計画があったことが心の拠り所にもなっていたのだろう。おかげで他の子と違って精神的にも安定しているように見えた。

なので彼の仕事ぶりもいつも強《したた》かだった。目標があるからこそ手を抜かずやっていた。なぜならそこで手を抜くことは未来の自分の足を引っ張るということだから。

プライドも高く仕事ぶりにも自信があって、歴が長いからと怠慢になることも、ランキングで一位になったからと思いあがることもなく、どんな時も丁寧にお客様に向かい合っていた。

つまり隙がなかった。

上に立つ人間ほど、隙がなく、抜け目なく、如才もなくいること――それが結局上に居続けるための必須要素で、それを証明するような、まごうことなき能力が彼にはあった。

それをこの章では説明してゆくわ。

column 03

ボネ姉とあたい

あたいが入店して1ヶ月ほどが経ち、リピーター様が現れ始めた頃。

何度か顔を合わせたお客様が、あたいをロング指名してくれるようになった。ロング指名とはお泊まり指名のこと。夜から翌朝までゲイ風俗の店内個室やホテルなどで過ごすスペシャルコース。ちなみに指名料金は12時間で3万円ほど。ボーイの手取りは半分程度だけど、ゲイ風俗のリピーター様ほど《ボーイと長い時間を共に過ごしたい》という思いからこのコースをよく利用してくれるので、ある程度稼ぎたければお泊まりは覚悟しなければならなかった。もちろん、朝までお客様と過ごすのは精神的にも肉体的にもしんどいし、何日も連続して指名を受ければどんなタフガイでも過酷になってくる。そう毎日は気軽に受けられるような仕事ではなかったけれど、ロング1本でショートコース2本分くらいのギャラを得られるので収入のために渋々受ける子も多かった。あたい的にはお客様と晩ご飯を食べられて、食費まで浮くからわりと好きだった。

その日、あたいが朝8時までお客様と過ごし、お見送りを済まして部屋の清掃などを終わらせた頃、店内の控え室ではボネ姉がお化粧を落としてパジャマで事務作業をしていたわ(みんながみんなじゃないけれど化粧をするボーイもいる。また、歴の長いボーイはマネージャー業を兼ねるのでパソコンを使った店内作業もこなす)。

「あらー、もちぎ。おはよう、お疲れ様」

と彼は言う。普段の洗練された見た目と違って、眉のない青白い顔はボネ姉には見えず、あたいは、ついうろたえてしまった。

「え……？(だ、誰……)」

と隠すこともなくポカーンとしていると、

「あんた、あたしが誰か分からないの？　あたしよ、ボネ姉よ」

とボネ姉が言った。

「ええ!?　全然顔変わるやん！」

「うるさいわね！」

彼は若くて無礼なあたいを叱ったりせずに笑いながら隣に座るように促した。

「写メ日記の更新とか色々あって徹夜してたから、スッピンだし酷い顔なのよ。今からお化粧するから、一緒にご飯行きましょ」

それから三面鏡と睨み合う彼が仕上がるのを待ちながら、あたいらは世間話をした。

目標がなければゲイ風俗に居座ってはならない、という助言もこの時に聞いた。

「あとはあんた、歳上を敬いなさいよ～」

と、話の最後に彼は言うから、あたいは黙って聞いた。

「誰かれ構わず尊敬する必要はないけどね。バカでも死なない限りは歳取れるから。でも一人でもいいから歳上で尊敬できる奴を作っときな。なんならあたしでもいいわよ」

「なんで作る必要があるの？」

とあたいは問いかけた。

「あんたもまだ10代で分からないだろうけど、若いってのは、武器で、長所で、すごくかけがえのないものなのよ。でも、誰もがいつか失う期間限定の魔法みたいなもんでもあるの。だから若いうちに歳上で《自分もこんな大人になりたい》ってモデルを作っとくの。そうすりゃ若い時から目標ができて人生の海路図みたいなもんが作りやすいし、歳とった時に後悔せずに済むからね」

「後悔？」

「貴重な若者期間を目標もなくダラダラ過ごしてしまった、って後悔よ」

「フゥン。じゃあとりあえず憧れの大人見つけなきゃなぁ」

とあたいはあまり理解できずに返した。

「あたしに憧れときなさい」

なんやこの自信の塊は……ってあたいは若干恐れた。

「あとは自分を呪わなくてもいいようになるから」

「どういうこと？　ボネ姉」

彼は前髪をヘアアイロンで挟みながら話す。

「ジジイババアを馬鹿にして、若さを失うことを指差して笑ってたら、自分が若さを失う時、それを許せなくなるからよ。これめっちゃ危険だからね。年齢を馬鹿にして見ないフリしてたら、若作りばっかしして年相応の行動もできず、なんも学ぶことも成長もしない大人になるから。中身は子どものジジイなんてなりたくないでしょ。だからダメな人間のことも、他人のダメな部分も笑うことはよしなさい。他人を許せたら、自分の失敗も短所も、自分で許せるようになるから。そうやって自分を生きやすくするのは自分だからね」

ああ、そうか彼は《許すを知っている》からこそ、強くて優しくて、人を攻撃しないんだ、と感じた。彼はオネェ口調で話すけれど、いわゆる世間的なイメージの毒舌オネェとかじゃなかった。指摘や叱責《しっせき》はするけれど、悪口を言ったり中傷したりしてるところは見たことがなかった。

彼は時に厳しく後輩を指導する。だけど嫌な感じがしなかったのは、できない人間を馬鹿にはしなかったからだろう。

でもそのあと、化粧が済んだボネ姉に「劇的ビフォーアフターやん」って言ったら、それは許されなかったのか普通に怒られた。

余裕とは
人を許すこと。

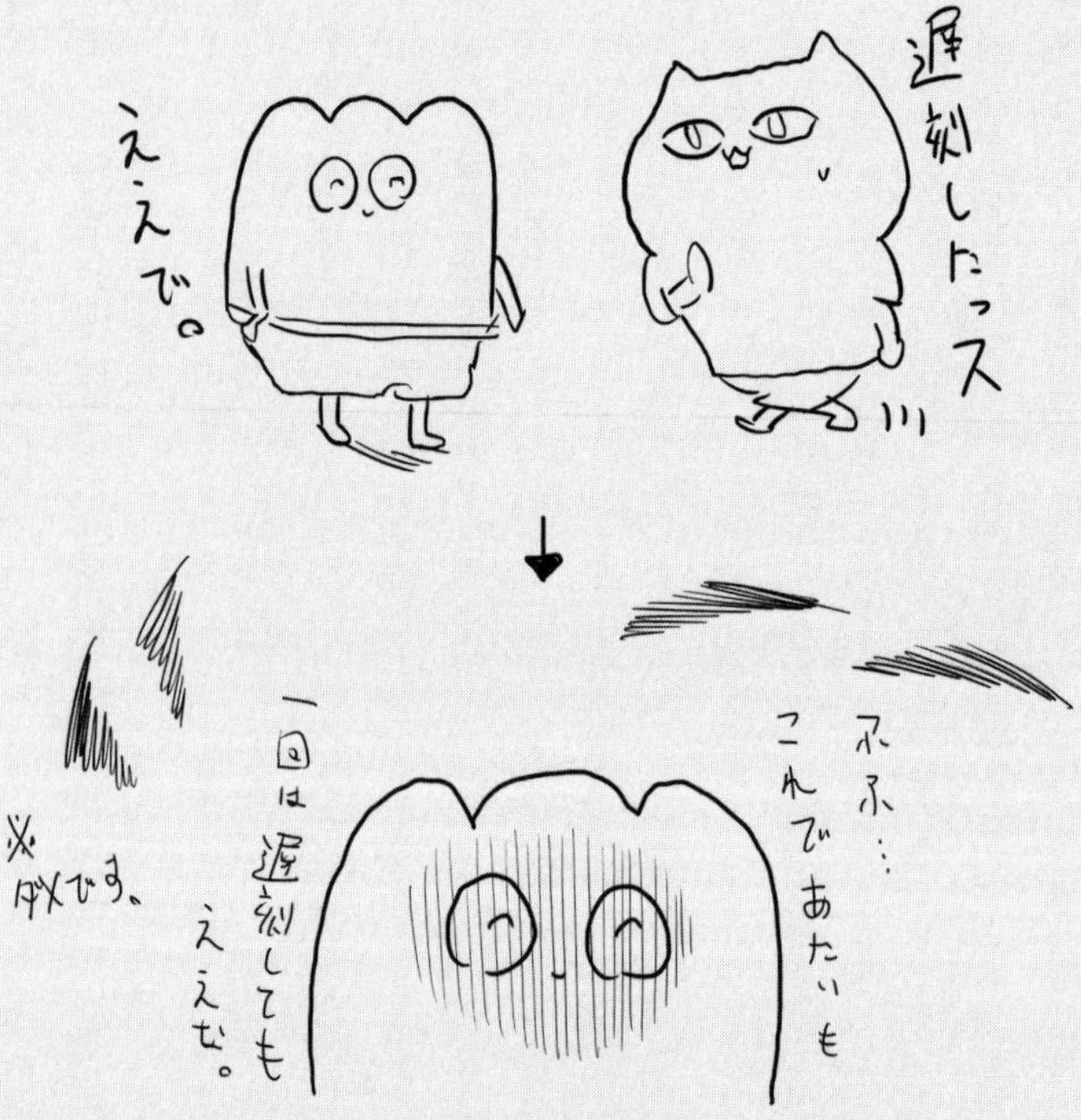

許すことで心に余裕が生まれる。
人のダメなところも失敗も嘲笑うのは
自分も“失敗を恐れ過ぎる”原因に。

不安でも堂々としてみる

ゲイ風俗――そしてどんな業界でも、常にニューカマーである若い人間（年齢だけでなく、真新しさとか新鮮さとかを持ち、突如台頭してきた人も含めて）は現れて、後方から現体制の人間の地位を脅かしている。アーティストやスポーツ選手、アイドルや YouTuber もそう。日本は終身雇用制だけど、役職争いとか業界単位で見れば会社勤めだっていつも下からの脅威に晒されてると思う。競争相手は外部にのみ存在するわけではない。

それが今最前線で戦う人間たちへの気つけになって、業界の競争をマンネリ化させずに刺激してくれているのだけれど、そんな業界の新陳代謝によって、まるで排出される老廃物のような存在に自分がなってしまうのではないかという恐怖は、常に競争に身を晒す人間の心を疲弊させてしまう要因になってるわ。今はいいけど負けたら終わりだとか、来月、来年、10年後はどうなっているか分からないという不安とかね。これが長く戦っている人間には結構キツくなってくる。自分の地位や抱えるものが大きくなればなるほど、こういった心労が絶えなくなるわ。

あたいも正直言って、ゲイ風俗のランキング争いに疲弊して、せっかく上位に食い込んでも気分が晴れないこともあった。「ああ、また来月も頑張らなければ」と焦る気持ちも湧いてきたし、上まで登れば後は落ちるだけだ、と悲観的になって自分を追い詰めていたわ。

「そんなんあったりまえでしょ。自分が高い地位に就いたり、優位になった途端に敵がいなくなるほど、世界はあんた中心にできていない。みんなその座を狙ってんだし、あんたも誰かから奪ってんのよ。それでも怯えず、悲観せずに立ち向かって堂々としなさいよ。競争ってそんなもんだから」——と喝を入れてくれたのはボネ姉だった。

彼は、前向きってよりも、ただひたすらに冷静な人だったわ。

だってそうよね、自分が後ろ向きな気持ちになって嘆こうと、世間の流れは止まらないし、新しい人間はその間にもメキメキと力をつけて伸びていく。一位になった時点ですべてゴールした気分になってるのは自分だけってことがほとんど。その後ろでは次回の一位の座を狙おうと牙を磨く猛者が連なっているわ。おそろし〜。

焦らずまずは自分の仕事を見極める

さぁそんないつまでも油断ができない世の中、どうすればボネ姉のような強い精神力を持ち続けることが可能なのか、あたいなりに学んだことを書いていくわ。

ボネ姉は業界が生み出す大きな流れでも《自分の力で変えられないものと、変えられるもの》を見極めて対処する——というスタンスを取っている人だった。

例えば同地域、新宿にある他店のゲイ風俗に、ゲイ業界で話題になるほどのゲイビデオ界のスーパースター級イケメンが現れて、自分の売り上げが落ちたり、リピーター様が来なくなったような気がしても、それは自分の手の及ばないところでの物事であって、己のフィールドの中にいないからムキになるなと言っていた。

あれね、同業他社とのコンベンション（競技会、コンクールのようなもの。クライアントに対して多数の企業が商品を売ろうと競うオークション）と同じで、敵対相手がすごいところだろうと、自分たちがやれることは自分たちの商品を磨いて売ることだけ。相手の企業をどうこうはできないのと同じ。

そして相手を土俵から引きずり下ろそうとするような、場外乱闘のような真似も絶対するなと話していた。まず、悪口や良くない風評を書いて蹴落とすなんてもっての外。そんな卑怯なことなんかで揺るがない絶対的な実力を持つ人気者はわんさかいるし、仮にそれで客が流れても、あんたに来るわけじゃない――と言っていたわ。さっきのクライアントの件で言うと、他社にスパイを送り込んで企画を阻害しても、自社の企画を磨いていないのなら結局また別の企業が選ばれるってだけ。

人を蹴落とす努力や画策に時間を割いても、自分の魅力が上がるわけじゃない。他の自分磨きをしている人間の方に需要は流れていく。

「人を蹴落とすことしかしない奴は、誰にも見向きされないの」

とボネ姉は強い口調で言っていた。

そんな自分に利のないことをするよりも、どうしようもない流れに見舞われた時は、静かに虎視眈々とチカラをつける期間にすればいいとのことだった。

彼の場合、新規客が他店の人気ボーイに流れた時は、忙しさも一旦落ち着き体力も戻るので、その分リピーター様を大事にすればいい、と焦ることもなく淡白に出勤していた。

正直そんなこと言われても、暇だと人は焦る。そして焦燥感から前のめりになると、自分の仕事もできなくなる。そこでなんとか気に入られようと必死に過剰なサービスをすれば、普段の仕事の足元を見られたりするような安売りにも繋がるので、バランスは肝要だった。あまりにセールばかりしている店だと定価で売れなくなる現象と似ている。

多分、ボネ姉のスタンスとして《それくらい堂々と構えろ。焦れば悪化する》という意味合いで言ってくれてたんだろう。

実際、彼はリピーター様にずっと支えられ、また流れが自分に戻ってきた時は新規客とあわせて多くの指名を獲得し、再び人気を博した。

いつだって自分の仕事の範囲を見極めて、そこだけに体力を割いていたからだ。

もし仮に焦って過剰サービスを始めたり、変に路線変更したりしても、今までのあり方を良しとしてついて来てくれたお客様まで離れてしまうかもしれない。

変化がすべて成長に繋がるわけじゃなく、ましてや焦ってとった行動じゃ変化ではなく本質を見失った劣化になりかねないことを、ボネ姉は分かっていたのだと思う。
自分の手の届かない違う場所にいる人に、わざわざ目くじら立てて労力を注がなくてもいい。それは自分の力の無駄遣いだって教えてくれた。

ちなみにあたいは、当時ギャル男系の人気が再燃したのをきっかけに、素朴系な顔面で売っていたのに真っ黒な髪を染めて、ワックスでバキバキに髪を立てて出勤し、周りから「高校デビューかよ」「髪で人を刺せそうだな」「なんのコスプレ?」とか言われるようになったので泣く泣く髪を戻した。迷走するとほんと辛いから、気をつけて。

敵が目の前にいるなら
ラッキーだ

次に、先ほどのような離れた者との競争とは違い、同じ店の中で自分と拮抗する相手と出会った時。つまりライバルや商売敵が目の前にいた時の話。

まぁみんなもよくあることだと思う。学校や職場、ゼミやサークル内、コミュニティや界隈でライバルが現れ、なんやかんやで競争的な関係に陥ることってのが。

あたいもよく自分と似たような少年系のボーイと同じお客様を取り合うことがあって、ほとほと困り果てたわ。あまりに競争が過激化すると、ギスギスするし、禍根が残るからね。

それでボネ姉に、

「負けたくないけど、競争するのはしんどい、身近な人と争うのってどうすればいいの」って相談した。

彼は「近くに敵がいるなら超ラッキーよ」と背中を叩いてくれた。

なぜ？　とあたいは首を傾《かし》げた。

例えばライバルはライバルでも需要が異なる相手の場合。

同じ営業課にいても得意とする専門が違う同僚だったり、スポーツなら参加形態が違う人とかね。

そういったジャンルの違う子が人気になっても、客層が被ることはないので、共存とまでは言わなくても敵視する理由には一切繋がらない。争ったりする必要はないと思う。

だけど自分と同じような容姿で、自分と似たようなタイプの若い子が入ってきた時。

つまり自分とめちゃくちゃ比較される同一ポジションの競争相手が現れた時でも、ボネ姉は「それでもいいじゃん。目の前に現れたらできること増えるからね」と話していた。

強がりでもなく、彼は後輩に需要を奪われてしまうような時でも、臆することも嫉妬することもなく受け入れていた。


「まぁ焦るわよね。目に見えて客が奪われるだろうし。でも、ヘタにお客様に『あの子より俺を指名して』なんて言う方が引かれるわ。それよりも『ああ〜あの子、若くて可愛いよね。○○さんも好きそう。指名してみたら』と本妻のような余裕を見せる方がいいのよ。何かを思っていようが表向きはとりあえず隠しときなさい」

そんな風に敵に塩を送るようなことをしていいのだろうかと感じた。

相手を貶《けな》さないにしても、わざわざ好評を広めれば、影響があるだろうに、と。

しかし彼の言う通り、一度は彼から離れて浮気したお客様も、ある程度は戻ってきて、ある程度は新人と指名を共有（交互に指名されるなど、折衷的な解決）するようになっていたのをあたいは確認した。

本来なら両者ともに奪い合って、どちらかが需要の争奪戦に敗北し、１００対０の勝敗が決まるというのにどうしてこうも平和的に収まったのだろう――とあたいは思っていたが、ある日その商売敵でもある新人の男の子がボネ姉に懐いているところを見かけた。そして、

「ボネ姉が紹介してくれたお客さん、めっちゃいい人でした！」

と新人くんは嬉しそうに伝えていた。

「そりゃ変な客はあたしのもとにはいないしね。もうみんなあたしが調教済みよ～。仮に癖の強い人がいても、あんたみたいなぺーぺーの新人のとこには送んないわよ。あ、でも、リピートは自分で摑んでモノにすんのよ。そこまで面倒見ないからね」とボネ姉は素っ気なくも笑いながら、余裕のある態度で返す。

彼はあえて、新人くんの好評さを偽らずにお客様に伝え、そして新人くんの知らぬところで応援していたのだ。一見、勝負に負けて相手に座を譲ったように見えるその行為が、今回

ではずる賢くことが運ぶきっかけになっていた。

まずはきちんと敵に目を向け、相手のいいところを冷静に観察したのだろう。それがどう警戒するかやどのように対策するかってのにも繋がる。臭いものに蓋の精神で目を背ければ、未知なものが増える。人は未知に対して偏見や恐怖を抱きやすいし、それによって軋轢《あつれき》や衝突が生まれる。

ボネ姉のように相手のことをよく見て、それを人に話せるというのは、そういう人の道理の点からでも理に適った攻めの一手だと感じた。なぜなら過激な関係に発展する前に、落とし所を見出すことだって可能だから。

彼は新人くんと100対0で結末を迎える前に、禍根やしこりを残さないような結末を望んでいる姿勢をお客様にもライバルにも見せたのだ。そうすると両者ともに未知だったボネ姉の心中が分かる。

《この人は打ち負かしたいわけでもなく、きっぱりと結果に向き合ってくれる》と。

そのように周りに理解してもらえると、競争は一気にラクなものに変わる。

お客様としては他の子を選択してもいいのだと後ろめたさがなくなることになるだろう。

指名や好意という限りなく自由な意思選択が、義理や同情、気まずさといった義務感に変わ

敵や相手の解像度を上げる

はじめは
未知数の相手も
くさいものにフタをせず
しっかり見れば

どんな能力や背景をもつ相手か分かり
対策しやすくなる。

っていくと、必要性がない限りは長続きしなくなる。重たすぎると長期間保てなくなるのだ。だからこそ100対0を放棄していることを表明するのは、相手を呪縛や義務から解き放つ魔法の一手なのである。

ライバルからは《もしかしたら敵意や嫌悪感を持たれているかも》という疑念や警戒がなくなる。それだけで競争は一気に健全化する。人は疑念を持ち続けていると心が疲弊してくるので、楽になるために確信に変えようとしてしまう。浮気を疑った恋人が、浮気していると分かるまで監視する心理状況にも似通っているが、悪い結果だろうと分かってしまう方が気持ちいいのだ。だからギスギスした疑わしい相手を、自ら嫌って攻撃することで争いを可視化して分かりやすくしてしまうことも大いにある。疑念から生まれるイザコザは思い込みと決めつけでできているのだから。

ボネ姉はそれを見越して早めに敵意がないことを示したのだ。

特に、結果を残すような人間になれば、その分周り（顧客や同僚問わず）から、すごく警戒されやすい。凄い人なんだという敬意は、舐められたりしない防御にもなる代わりに、距離も大きく空けてしまう。

カリスマ性というのはあればあるほどいいってもんじゃないんだろう。神格化されるあまりに、初対面では完璧な人だと勝手に思い込まれ期待値がガンガン上げられちゃうし、相手に萎縮されてしまうことも少なくない。結果それがいい関係に繋がらないこともある。

こういった先入観による弊害は、上司や先輩など、自分より歳や経歴が上というケースで生じやすい。自分より強そうな人間への期待の裏返しとして、人は他人を畏怖したり、誤解したり、勝手に崩すべき牙城として標的にしてしまうことがあるもの。

それをボネ姉はギャップとして利用し、敵ではないことを自ら腹を割って明かし、勝手に見上げられていた立場から自ら下りてゆくことによって、そのことが好感に変換されポジティブな印象を抱かせることに成功していたわ。

どうしても初対面だったり立場上や構造上、相手から警戒されることはみんなもあると思う。ましてや結果を奪い合うような物事が多い時代、勝手に敵認定されることもあるだろう。

そんな時こそ、自ら距離を縮めてみることも、戦略に値するかもしれないのだ。

ボネ姉のやり方からはそんなことが見て取れた。

競争業界で商売敵として対立構造が生まれやすい関係性を、なくすのではなくある前提で動き、それを覆したのだ。

褒め上手で味方を増やす

あと余談だけど、人を褒めるのもテクニックがいるんだなって感じたわ。

ただ単に褒めたりしても、関係性が悪ければ皮肉や嫌味に受け取られるし、おべっかを使うような媚びた態度のやつだと侮られたりもする。

だからわざとらしくない範囲で、ボネ姉はあえて効果の薄そうな他人に本人の褒め言葉を伝える、ということだけをやっていたのかなと感じるわ。


褒め言葉は本人の聞こえないところで言った方が効果がある——と聞いたことがあるわ。

でもそれを言葉の通り受け止めて、対面で専ら厳しく接するだけに努めるという間違った指導者もいるけれど、きっとあの文句の真意はそうではなくて、ただ単純に《面と向かって褒められると嬉しいけれど、人伝に聞くともっと嬉しい》というだけの言葉なんだろうね。

人伝に「○○がお前のこと褒めてたよ」って言われると安心するものね。ああ、あの人は敵じゃないんだ、って。疑わしい本人よりも、利のない他人の言葉の方が信用できるってのも分かる。

だからボネ姉が新人くんを直接的に褒めそやすよりも、人を介した称賛の方が誠意の証明に繋がったのは、《自分の裏も含めて相手に晒す》という腹を割った安心感を相手に与えることができていたからなのかと思うの。いきなり人に褒められても「なにか裏があるんじゃないか」とか「この人はすぐに褒めるから話半分に聞こう」だとか警戒されたりするでしょ。とにかく人は裏があることを誰もが知っているから、何も知らないうちは裏がある前提でしか他人を見ることができない。そこで他人という第三者の視点や仲介は大いに役に立つの。

そして、初対面やよく知らない人間から抱かれる《恐怖や敵意》という感情は、裏を返せば《自分を脅かすことができるほどの何者か》という敬意にも近い感情であると言っておくわ。

歯牙にも掛けないほどの相手なら、人はその相手を舐めるモノだから。警戒の必要がないと無視するか侮るもの。わざわざ敵対心を持つのは《自分に影響を与える人間》だと気づいた証拠よ。

好きの反対は無関心というしね。嫌いだといって意識されるのは、それだけ相手の中で存在が大きいってこと。これはそのまま好意に持ってこられるチャンスがあるってことなの。そんな感情の二面性を逆手に、ボネ姉が塩を送るようなことをしてまで「自分は敵じゃない。共闘するライバルだ」と伝えたのは、勝手にカリスマだとか距離を空けられたり、カリスマとまで思われなくとも《純粋な敵》だと勘違いされてしまった時に行うべき対等な立場の取り方の一つだと、あたいは思う。

「相手を変に刺激して、お客様を奪い合うようになったら勿体ないからね。そんな商売敵がいると、この店自体から嫌な雰囲気を感じ取って、人が寄り付かなくなっちゃう。だからこそ自分のテリトリーの中で火種を見かけたら喜びなさいよ。《リスクを自分の目の前で管理できる》ことに。臭いものに蓋をするほど物事は大きくなるから、リスクほど怖がらずに冷静に自ら対処すんの。だからイザコザもなくあたしと新人は共存できたじゃない。警戒や誤解といったギスギスした物も焦らず向かい合って利用してやるのよ。そうすりゃ険悪な雰囲気すら物事が好転するキッカケになる。それを分からずにあーだこーだ文句だけ言うからダメなのよ。《敵っていうのは大抵自分が作るもの》だからね」

ボネ姉が語るリスク管理論はカッコいいほど、理に適ったずるさだ。

あたいはそれを参考に、あたいのことを嫌う人間が現れた時、自らは敵対心を持たずに堂々と構えてやり過ごした。おかげで相手の誤解が解けたり、相手の状況（イライラしてた時期だとか、不安定な環境だったとか）が改善された時に上手く仲良くすることができて、敵を作らずに済んだ。もし条件反射で争っていれば、ずっとギスギスして、互いがどちらかに王手を指すまで戦っていたかもしれないなと思う。

でも中にはどうしようもないくらいヘイトを向けてくる人もいたので、そういう時は「あたいが美しくて嫉妬してるんだな……」と思って受け流すことに決めたわ。

リスクに向かい合うことは大事。でもすべてを受け止める必要はないんだなって思った。

北半球一器とケツがデカイあたいでもそう思うのだから、みんなも罪悪感を持たずにさっぱりとリスクを切り捨てていってね。

バカにされても自分のこだわりは捨てない

ボネ姉のずるいところは滲《にじ》み出てくる《イヤミじゃない人の良さ》だった。

発する言葉が裏表も虚偽もない誠実さを持った言葉ばっかりだった。とにかく物事を忌憚なく言ってくれる人は、この顔色を窺《うかが》うことが多い世の中で、とても貴重な存在だと思う（もちろんある程度の空気は読む必要があるのだけれど）。

時には憎まれ口を叩いたり、人が引くような下劣なことを言ったり、ズケズケと人のことに突っ込んで意見を述べたりもする。しかし愛や敬意は忘れない、そんな線引きはあった。

なんというか人間臭かった。彼は、着飾ってカリスマ的なキャラ付けに自分を当てはめなかった。部活の先輩のような頼り甲斐と、バイト先の兄ちゃん的な親しみやすさを兼ね備えていたわ。どこにでもいて、どこにもいない唯一無二のオーラを醸し出す矛盾するようなかけがえのない存在感。上手くバランスをコントロールしていたんだと思う。彼自身も、きっとただすべてを真面目にこなすよりも、どこかである意味《自分らしくいる》方が得だと理解していたんだろうね。

たしかに悲しいけれど、誠実さだけだと人間的な魅力では他に一歩劣る、と言われることが多いのが世の常。

仕事ができる・仕事に対して誠実——それだけだと《真面目》のたった一言で済まされてしまう(もちろん、真面目も貫き通せば最大の武器になるけどね)。

しかもその真面目というのは冷たい印象を持っているわ。お堅いとか杓子《しゃくし》定規とか、お役所仕事だとか、とにかく血が通ってないみたいに受け取られてしまう。本来は真面目なことはとてつもなくすごいことで、また世の中を構成する多くの物事は真面目な人の取り組みによって成り立っているのに、人というのは当たり前にあるものへの感謝をつい忘れて軽視してしまうもの。それよりもパフォーマンスやカリスマ性に富んだ雑味ある先導者に支持は集まりやすい。

これは人の観測能力の中で意外性というものが、評価の比重を無意識にも大きく占めているからだと思う。恋愛漫画とかでも最初は印象最悪な相手がだんだんといい奴だと分かってく方が盛り上がるでしょ？　あれと一緒。

だから彼は《真面目なのに外向的で陽気》《自由奔放で無邪気だけど真面目》のように先入観とは逆の要素を自分に持って、好感度を与えるギャップとして利用していたわ。どちらか一辺倒に偏ることはなかった。

「あたし、根は真面目よ。自由に生きたいからね。真面目にやることやってたら、あとは適当に好きにやってても文句言われないのよ」と彼は笑っていたが、まさしくそれは世にある事実だと、あたいは知っている。

学校とかの空間でも、素行不良気味の目立つ生徒も、成績や授業態度が良ければ目を瞑《つぶ》ってもらえることがある。あたいも高二の時に友達と一緒に少しだけ髪を染めたが、成績の良い友達は許しを得て、あたいは教師からラリアットをもらった。

ボネ姉も当時の友達も、きちんと手順を踏んで筋を通し、やることはやって誠実に生きていたので、だからある程度の自分らしさが許されたのだ。

だけどもちろんこれは、既存ルールや慣習を破壊せずに、あくまで温存したままやり抜く処世術のようなもので、時にはマジョリティの差別や偏見に加担してしまう危険性もあるわ。

上司が「カラスは白い」と言えば、部下も「はい。カラスは白いです」というのが今までの処世術として肯定されてきた。つまり気に入られるためには時に間違いを犯すという選択肢が、この世渡りの術には内在していた。慣習とは良いものばかりでないからだ。

しかし、彼は信頼の使い所を知っていた。ルールに則《のっと》って培ってきた地位や信頼は、本当に自分が守りたい物を守る時に使うのだと知っていたのだ。

だから彼はゲイ風俗以外の場所でも好きに化粧を楽しみ、それを批判したり指差してきた者にはきちんと「何がおかしい?」と言い返していた。今でこそジェンダーレス男子とかいう言葉も浸透してメンズメイクもあるけれど、当時、男性が化粧をしているのはなかなか決意を要しただろう。そしてゲイ風俗の業界でも化粧が「老け隠し」「みっともないオカマのもの」という嘲笑があったのを「自分がやりたいからやってるだけ」と突っぱねて、アイデンティティとして貫いてた。彼は美しいもの、着飾ることが好きで、その自由を他人からの評価のためにすべて手放そうとはしなかったのだ。

周りと共に男性の化粧を笑ってやったり、化粧を嫌がる人たちに迎合することも可能だっ自由とは…
個性とは…

義務をある程度
果たしてから手に入るもの。

義務を果たさず得ようとする自由は
認められづらい。

たが、そこだけは自分を曲げなかった。

だけど周りは「いろいろちゃんとやってる子だし、化粧も彼の個性だな」「堂々としてるし他のこともきちんとできるからカッコいいな」と、人と違って飛び出た個性を良い印象で受け取っていた。それもボネ姉が物事に誠実な人間だったからだ。

きちんと物事をこなす人間が周りからはみ出ても、それは個性や選択と捉えられる。しかし他の物事まで結果や成果を残さずにいると、それは逸脱や悪癖として受け止められる。

個性をマイナスに受け止められることもある世の中、その考えを変えることは難しいので、代わりにプラスの印象を高めて防御に転用させることも必要なんだと、ボネ姉の生き方から感じていた。

筋を通して好かれる

それから、彼を好く人はわざわざ自分から彼のどんなところが好きか、を言葉にしなかったわ。

仲良くなった人を改めて評価するのも腰が引けるのか、ことさら取り上げる方が無粋だからだろうか。

彼は好かれる人に《暗黙の了解的に好かれていた》。

好意に理由や説明が必要ではなかった。よく考えれば家族や恋人にだってそう言えるかもしれない。純粋に好きだから好きなんだっていう状態。

しかし家族や恋人と違って、そこに明確な絆や社会的な常識による規範（家族なら支え合うべきとかって義務）がない他人において、この暗黙の了解的に好かれるという状態を得るのは難易度が高いけど、すごく理想的な状態だと思う。だって《あの人はかっこいいから好きだ》なら、見た目が変われば好意もなくなってしまうかもしれないし、変化が許されないというプレッシャーにも繋がりかねないから。一時的な、一面的な好意は脆くて細いわ。

そして集団に属したり、色んな人と関わる状況にあったり、競争の場面に身を置く人ならば、この手の無言の好意は大きな武器になる。心理学でもバンドワゴン効果といって《みんなに好かれている、人気のあるものだから、自分も好意を持つ、あるいは好意を持っている人間がその状態に自信を持つ（好きになって良かったなぁと安心してますます好きになる）》

という好循環の働きが集団心理には存在していると言われているわ。

みんなが好きなアーティストだから興味を持ったり、商品のレビュー評価が高いというだけで良い物なんだと思い込むようになったりすることよ。

もちろん実力が虚像だと、すぐにボロが出るので実際に（ボネ姉の言葉を借りると）「すべきことをする」必要はあるわ。だけど評価を裏付ける実力があれば好評はますます伝播《でんぱ》していく。そして人伝に聞く褒め言葉の魔力は前述した通りで、自分で証明するよりも遥《はる》かに力を持つ。


そうして人気者は出来上がっていく。


彼のような筋を通して人と関わっている人間は周囲の多くの評価が盾となって批判を寄せつけないし、彼の雑味や個性も受け取り手の好みの問題なので、非難の対象ではない。嫌っていても個人の感想で終わり、糾弾の対象には挙がりづらいのだ。

でももちろん世の中には《自分が好きか嫌いか》という尺度を、《善か悪か》に変換して攻撃してくる人もいる。だけど言語化できずになんとなく「あの人が嫌いだ」なんて言って

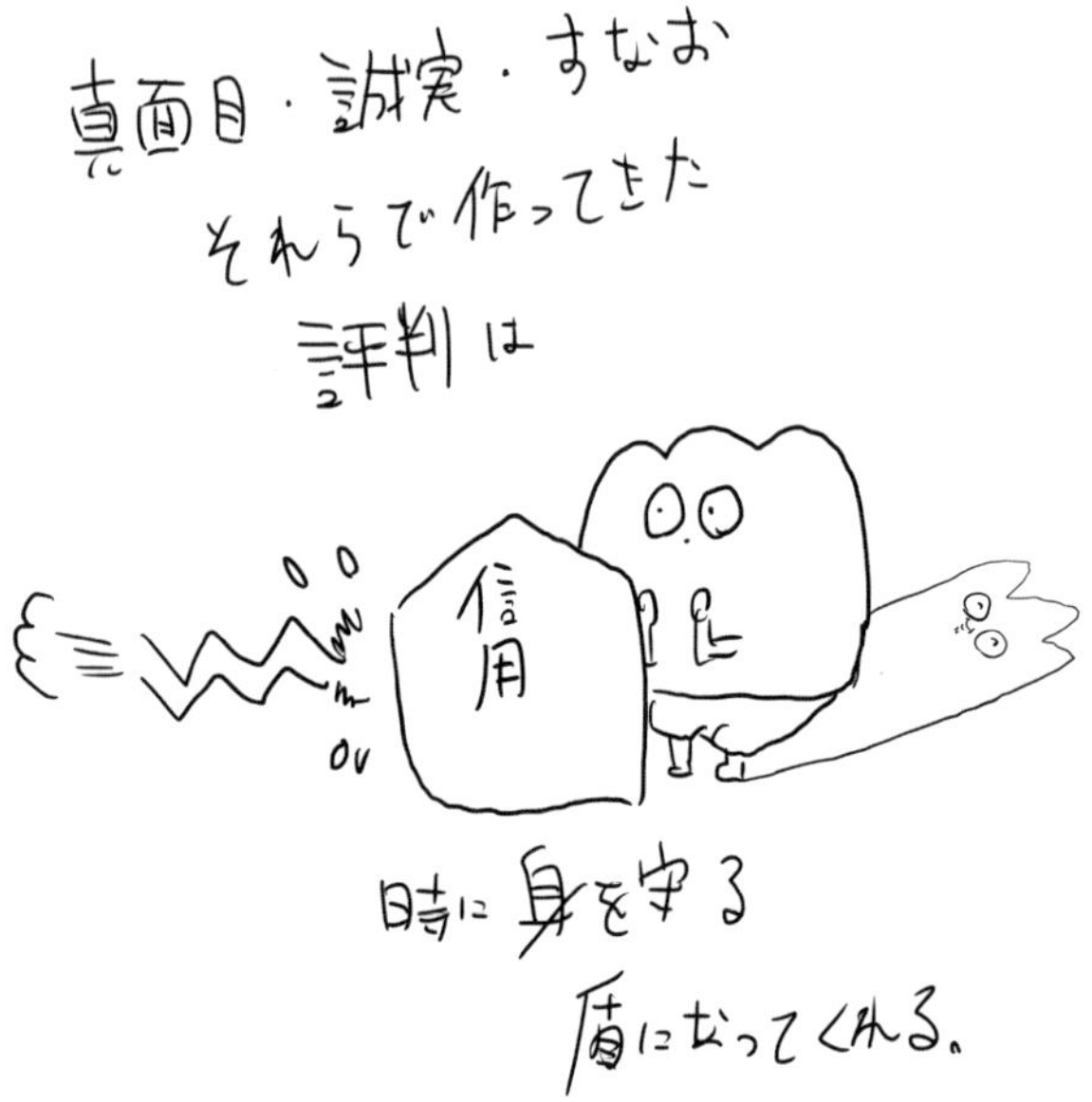
真面目・誠実・すなお
それらで作ってきた
評判は
信用
時に身を守る
盾になってくれる。

も、あるいは無理くり理由をこじつけようとしても、人気のある彼に嫉妬しているだけだと受け取られかねない。そのため、公表しなくなるか、嫌悪をひどく表せば、その人の周りから誠実な人は離れていく。

つまり、誠実の適正な使い方は、戦う土俵すら作らせない。

誠実で作り上げた人気は、常識にがんじがらめの世の中でも自分の個性を殺さず活かす免罪符になるのと同時に、悪意から自分を守る盾にもなるのだ。

そのための評価をボネ姉はなんとなく無自覚なのかどうか分からないけれど《隙と好きを生み出すこと》によって作り出していたと思う。

ちなみにあたいも見習って普段は真面目だけど、時に自分の大好きな猥談《わいだん》や下ネタで盛り上がる清楚系すけべを目指している。だけど周りからは純粋に変態と呼ばれているわ。

時にはたとえ怒りでも向き合う覚悟

ゲイ風俗には業界の批評掲示板というものが存在していたわ。

店自体の評価や、ボーイの評判や感想を書き込んだり、情報を共有したりできる《お客様向けのインターネットサイト》――というのは名目で、悪意ある人間や関係者の愚痴など、見るに堪えない書き込みのオンパレード。匿名にかこつけた悪意の巣窟だったわ。

ボネ姉はこれを見るなと言っていた。

責任を持たずに匿名のまま人を傷つける意見なんかには向き合う必要がない、と。

しかし同じ職場やグループ内から、面と向かって強い意見を言われた時には、頭ごなしに否定したり聞き流したりするのではなく、ちゃんと聞いて一考する余地がある、とも言っていた。

彼は「すべての指摘を聞き流して、すべての怒りを嘲笑ってる奴はそこで成長終わり」と話していた。

自分が驕って見えなくなっていたことや、何か気づかなかったことを違う立場から親切に教えてくれているかもしれないし、何より《直接言われる意見は相手からのSOSの可能性がある》ということだった。

当時のあたいはイマイチぴんと来なかったけれど、だけど少しずつ色んな人と口論を重ねたり、衝突することによって学んで理解したわ。

人に対して《怒る》というのは、《何かを期待している》状態に他ならないからだった。

もちろんこれは、相手がこちらに成長や精進を期待している指導者や先生としての叱責だけではない。「腹が立った」「気に食わなかった」「癪にさわった」というものも「見ていると劣等感を煽《あお》られる」「自分にできないことをしているから焦ってしまう」「自分が小さく感じる」など、こちらの事情ではなく、完全にとばっちりや、感情の裏返し的な部分があったりする。

そのような自責の念を隠したいから・認めたくないから、あるいは気づいて貰いたいから、人は時に攻撃的な意見や衝突によって解消しようと《期待している怒り》を持つことがある。切なる願いが怒りの裏には存在していたのだ。

これについてボネ姉が対処しているのを見聞きしたことがある。

一時期、とある若い新人ボーイが、ボネ姉に対して悪口や喧嘩腰で意見をぶつけていたことがあった。

「若作りばっかしてる」「なんでそんな年齢なのに風俗にいんの」「需要ないし」「ババアのくせに若者の空間に居座って恥ずかしくないの」「ウリセンの癌じゃん」

そういった聞くに堪えない言葉をボネ姉はぶつけられていた。

だけどボネ姉は怒り返すわけではなく、キチンと彼を見守って、口を開いた。

「あんた、何を焦ってんのよ」

そう言って彼の話を聞き始めた。


彼は予想外に話を聞いてもらえたことで、恐る恐る愚痴を漏らし始めた。

ゲイ業界は年齢至上な価値観の人が多いし、ウリセンでは年齢市場が間違いなくあった。世間でも「若いから許される」ということが多いのはみんな知っての通りだと思う。若いうちは苦労を買ってでもしろというのは、失敗してもまだまだ許されたり挽回ができるからという意味合いも内在している。

ボネ姉は黙って聞いていた。

彼は19歳の若い男の子だったけれど、今周りからチヤホヤと評価を受けても皆が口を揃えて言うのは「若くてフレッシュ」「ピチピチで、これからが期待できる」「将来性を買いたい」といった、年齢に基づくものだったことと、そして自分自身、自己評価が低く、自身の長所が見出せないことなど、そんな現状が怖いと言っていた。

「自分が歳を重ねた時、年齢で褒められなくなった時、人が離れてゆくのが怖い」と彼が苦しそうに漏らす。

するとボネ姉は慰めるように言った。

「それで、年齢が決して若くないのになんとかやってるあたしを見て、焦って文句が出てたのね。大丈夫、あたしも昔はそう思ってた。将来が怖くて年取りたくないって思ってたもん」

新人の彼は、気が抜けたように笑った。

「ま、加齢で体力も肌質も落ちるけど、でも経験は増えてくし、できることも増えてくからね、キチンと歳を重ねれば良いのよ。あと安心しな、若い人間じゃなくて、ちょっと歳重ねた男の方が良いって物好きはたくさんいんのよ、あたしの客はみーんなそうよ」

ボネ姉はからからと笑い返した。


いつだって怒りは別の顔をしている。

意見や正論といった大義名分の顔。もちろん、意見すべてが怒りではないけれど、怒りはほぼすべて思いや気持ちを伝えるための手段と思っていい。

そんな名目で振り下ろされるので、相手や世界に対する期待という事実は、怒る本人も気づかないほど隠れてしまっている。

それを《すくい出せ》というのがボネ姉の言い分だった。

「怒っている人は、とにかく自分の話を聞いてほしい、考えを認めてほしい、意見を受け入れてほしいと期待している状態でもあんのよ。悪口も批判も鬱憤《うっぷん》も、本当に興味がなかったら出てこないし。興味関心があって感情が揺さぶられてるから怒ってんの」と、ボネ姉は語る。


そしてだからこそ顔を合わせて意見をぶつける方が、敵を作り出さずに穏便に事を運ばせることができる可能性が高いと考えているようであった。これは、前述の《リスクが目の前にあると管理できるのでラッキー》という考えに則っている。

彼はとにかく文字通り人と向き合うことに、つまり面を合わせることには常に真摯《しんし》に、意欲的に取り組んでいた。相手の顔を見て冷静に迎えた。そうしなければ《怒り》だけで終わり、穏便な結末を迎えることはできなかったからだ。これはＳＮＳやメール、電話じゃなく、顔を合わせてじゃないとできないとも言っていた。多分、面を合わせることで生きている人間が目の前にいるという認識を相手に持たせて、怒りを抑制させる効果があることも理由にあるんだろうね（もちろん顔を見た方がヒートアップすることもあるから慎重にしなければならないけれど）。

ところで、同僚が語気を荒らげて何か伝える時も、自分へのクレームが入った時もしっかりと対応して逃げなかったが、嫌がらせ的なことは徹底して無視していた。

《怒り》に対して薄暗い感情だと思わず、ＳＯＳだと解釈する辺り、希望を持ちたいと思っている人間には優しく、ただ足を引っ張ってくる後ろ暗い人間には優しくする必要がないと判断していたんだろうね。それこそこれまた自分の仕事ではないということだ。

《自分に救えるのは救われる覚悟のある人間だけ》という心持ちだと思う。

だからこそ顔を見ながらでも伝えてくれる人間に、一考の余地があると言って向き合ったんだろう。そもそも相手の足を引っ張りたい人間は陰やインターネットとかに隠れて、距離を取って攻撃してくることが多いから。リスクを取らない人間に、リスクを取って向き合う必要はないのだ。

それでもやっぱり顔を見て放たれる言葉と向き合うのも、簡単にはできないことだな、と常々思う。あたいは今でもそのように感じる。

ネットや文字よりもノータイムで自分に飛び込む言葉は、すぐさま心情をかき乱す。だから怒ってくる相手と同じように、咄嗟に否定や拒絶を出したくなる気持ちが対面では特に強まる。それも人間の性《さが》だろう。

だけど自分まで激昂してしまえばもう議論なんて不可能。不毛な傷つけ合いが始まるだけだった。

なので、自分と違う意見が目の前に現れた時でも冷静に聞き入れるというのは、自分の立場やプライドを差し置いて、相手の立場や心情、状況まで把握するという俯瞰《ふかん》的《てき》な目が必要となる。これは簡単には手に入らない。

相手と同じ温度で怒ることなく、相手のためを思うこと。だけどこれは屈服ではない。というより怒りには決して屈服はしてはならないんだと思う。それは怒りだけを肯定して、相手の真意をこちらも無視してしまうということだから。

聞き入れるとは対話の手段であり、相手に《自分はあなたの怒りに付き合っているのではなく、あなたの真意に付き合っているよ》と伝えていくことだ。その態度を示さなければ、ただいたずらに相手の怒りを助長しかねない。

それが《冷静に聞く》ということの本質。

つまり相手の怒鳴る声や辛辣《しんらつ》な言葉に耳を傾けるのではなく、相手の真意を汲《く》もうとする姿勢のこと。

反論や違う意見を言いたくなるのを少し堪《こら》えながら、まずは相手の思いを掘り下げて救い出すことが、なによりもの善処で、そして対面でしか成し得ない対処。

あとは、人は反応を期待する生き物だから、相手の感情や期待が膨れ上がって増長する前に、「私はあなたを見ているよ」と先手を打つのは、抑止力にも似たような力を発揮することもある。一人で怒りを抱えていたら勝手に自分で答えを決めつけて、そして暴走しかねない。そうなればもはや誰にも対応できなくなることもある。だから前述の目の前にリスクがあったら喜んで向かい合えというのは、爆発する前に対処しろという理念に基づいた考えなんだと思う。

つまりこういった場合、自分に向けられた怒りを真摯に受け止めるのは、優先して取り組むべき自分の仕事と言って差し支えがないの。
相手は希望を持って、自分に期待をしてくれているから。

ただその希望が歪んでることもあるから注意よ。
あたいはお客様に「なんで俺の養子になってくれない！」と怒られたことがあるわ。
これに付き合ってしまえば、人生が無茶苦茶になっちゃうからね。
それにあたいはみんなのアイドル。誰か一人のものにならないの……。

プライドを持っても偉そうにしてはならない

ここまではボネ姉という伝説的なボーイを称賛することばかり書いてきたけれど、実際問題、誰もがボネ姉を崇拝していたわけではないし、お客様がどんな相手であっても立場上は

怒りとは。

悲しみや期待の裏返しでもある。

ムカつく

イラつく

信じられない

裏切られた

考えられない

共感できない

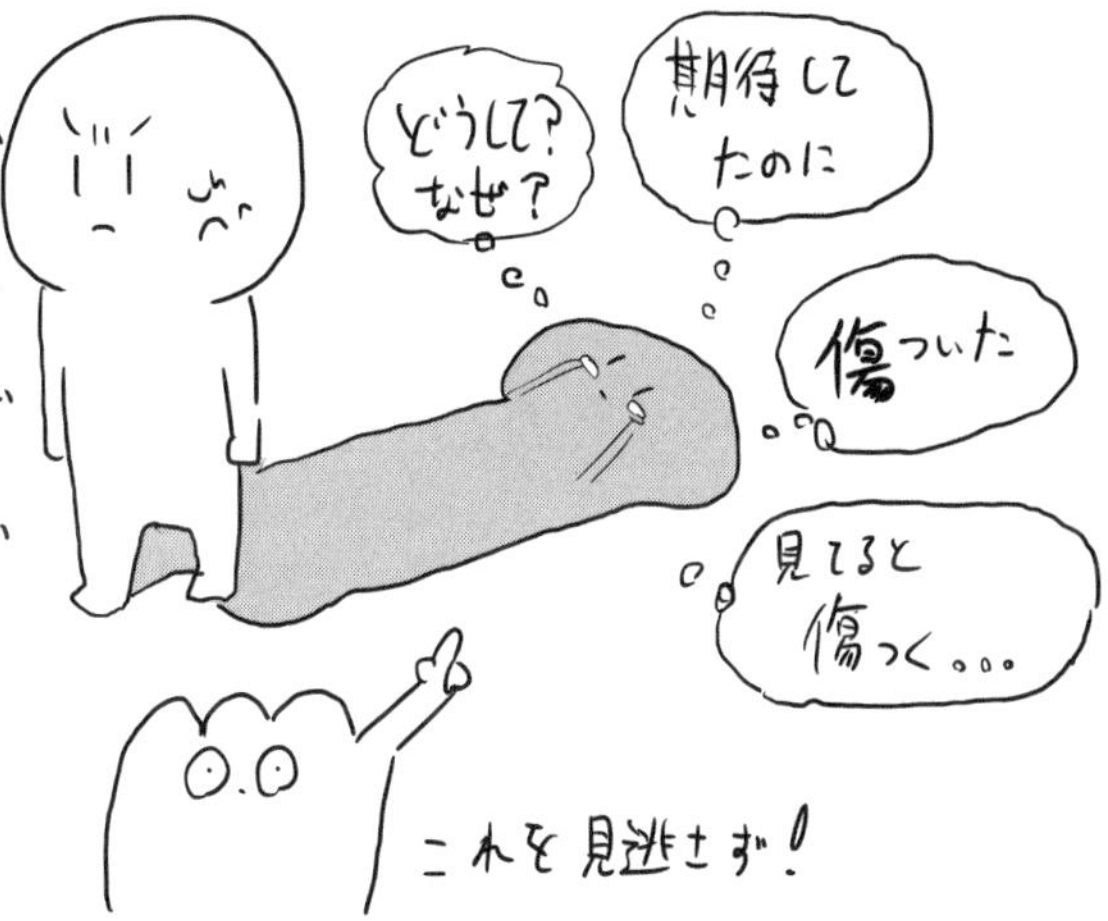

奉仕して尽くす側だ。ボネ姉は他の子と同じように、お客様に膝をついて料金を受け取る従業員の一人。

サービスと対価という関係では、ボーイとお客様は対等だという見方もできるけれど、ほとんどの場合やっぱりお客様を立てるのが商売の基本なので、その点では本来カリスマと従業員という立場は相性が悪いと感じる。カリスマであればあるほど、従業員が力を持ち過ぎてしまう。そうなると段々お客様が不満を覚えてしまうわ。

しかし彼を見ていると、物事は単純ではないと気づいた。

簡単に言うと、彼はプライドが高い人間ではあったけれど、それを置けない人間ではなかったの。

まず前提として、相手とどのような関係であろうと他人はしっかり敬うこと。めちゃくちゃ当たり前だけど、関係性によって敬意の量を変えている人は多いと思うし、誰だってそういうことに陥りやすい事実はある。お客様の経済的な太さ、貢献度によって態度を変えたり、ボーイの歴によって軽く扱ったり等をボネ姉はしないように努めていたのが見て取れた。

「自分の人気度を勘違いして営業やってる子もいるけどね。実力とプライドは人を侮るもんじゃなく、自分の価値を高めて、安売りしない生き方したり、他人を喜ばせたりするものよ。それができないプライドなら、捨てた方がマシ」とまで言っていたのを覚えている。

この言葉の通り、彼はプライドすべてを咎《とが》めてるわけではない。要は持ち方の問題なんだと。自己肯定感が低く、お客様の言いなりになっている子には危機感を持ってプライドを持って勤めた方が良いと教えていた。

ボネ姉は安売りや安請け合いは一切せず、あまりに横暴なお客様には毅然《きぜん》とした態度で対応することもあった。店先で追い返すようにしてお客様に出禁を言い放ったこともある。

またボネ姉は、自分が積み上げてきた実績による箔（プライド）を知っているからこそ、その価値の高さをサービスの付加価値として利用した。

プライドを持つに至った自信や実績は、評判や本人の姿勢に必ず表れる。それが、お客様にとっては「こんな良い子が自分に尽くしてくれるだなんて」と思ってもらえるようになる。カリスマ美容師の元で髪を切ってもこう思うだろう。同じサービスでも＋αを感じるのだ。

それはつまり、自分の積み上げてきたものが相手にとっての満足度や自己肯定感——つまり幸福感に直結してゆくということなのだ。

《プライドは、そのために利用するもので、プライドに利用されて自分の仕事を見失うな》

言葉ではそう聞かなかったが、あたいは彼の仕事ぶりを見るにそう解釈していた。

実際、ボネ姉が辞めた後、勤務年数が長く、人から注意されづらい立場の男の子が、自身を改めることなく傲慢な態度でお客様とトラブルを起こすこともあった。

プライドは培ったものに宿るが、変化を阻害する原因にもなりやすいことをボネ姉は言っていたのだろう。

そして彼は自分の存在によって、矛盾するような状態が成立すると証明してくれた。

《尽くす人は、決して人としての位が低いわけじゃない》

彼は人に対してお節介やきで、また後輩からも姐《ねえ》さんとして慕われていた。ゲイ業界関連だけじゃない人生相談も色んな子からされていたわ。あたいもよく学業や人生の進路相談を受けてもらってた。

だけどみんな彼に頼りっきりってわけじゃないし、節度を持って彼に関わっていた。例えば店で禁止されていることでもあるけれど、金銭の貸し借り等はボネ姉に誰も相談しなかった。そういう頼り方はしてはならないという彼への敬意があったからだ。

人に対して優しさを向けてくれる人間を、自分の都合で使い果たす人間はいるし、どこまでも甘えて負担になる人間ももちろんいるけれど、彼はうまいことそこに距離感を持って、時には突き放すように「自分で考えな」と言うこともあった。

プライドは人との距離感のことでもあるのかなと思う。彼の場合、自分の仕事をはっきり分けていて、相手を尊重するためにも、自分を守るためにも、距離感をしっかり持っていた。なんでもなぁなぁで済ますのは自分にも相手のためにもならないことをよく分かっていた。

あと一つ、彼は人のもとで働く時に、忘れてはならないことがあると教えてくれた。

「人に尽くす人間は二種類いるわ。《無知で都合の良い人間》と《相手の事情や周りの状況を理解できている勝手の良い人間》よ。誰かの下で働いてもなんでも黙って言うことを聞く頭からっぽな都合のいい奴隷になるんじゃなくて、察して自ら動ける勝手の良い人間になるの。自分を安売りしたり、使い捨てされずに済むから。そんでそのうち、ただの僕《しもべ》じゃないって見抜いてくれる優秀な上司や取引先に出会えるわ」

現に彼はお客様からただのボーイじゃないと見出してもらい、夢であった飲食店の開業時に、元お客様の出資者や協力者に恵まれて華々しいスタートを切った。

一方その頃、あたいはゲイ風俗で感度の良い性的な僕《しもべ》になって、プライドを捨ててヒィヒィ言っていた。

休むと怠るは全然違うもの

ゲイ風俗では出勤すればするほど稼げるチャンス（つまり指名される機会や時間）は増えるので、稼ぎたい子ほど多く出勤する。

働こうと思えば休みなく週7で出勤できるが、もちろんそんなことを続けていれば身も心もクタクタになっちゃう。ボーイも人間なので体力には限りがあった。

だけど迂闊《うかつ》に休んでしまえば他の人間に出し抜かれて、自分のお客様を奪われてしまうかもしれない。長く休めば自分の人気や需要も衰えて、日に日に評価も落ち込んでゆくかもしれない。

そういう風な焦燥《しょうそう》に駆られる気持ちも、あたいら人気商売に身を置くボーイにはあった。

一度作ることができた顧客との信頼関係や周りとの人間関係が、自分の努力不足のせいで希薄になっていくのはとても恐ろしいことだから。休んでいても気がそぞろで、落ち着かずに、むしろくたびれてしまう。この感覚はきっと何か努力している人間なら誰しもが経験したことあると思う。評価や能力が不動でないことへの不安や、あるいは築き上げた地位への固執からくる感情。あたいも大学受験の勉強をし始めた時、勉強をしない日を作ると罪悪感が湧き起こり、睡眠時間を削ってまで仕事と勉強を詰め込み、じんましんが出て倒れてしまったわ。

だけどボネ姉は、休むときは躊躇いもなく休んだ。

一週間近く休みをとることもあれば、なんならゲイバーでの仕事に精を出して、半年以上もゲイ風俗に出勤せずにいたこともあったらしい。

そうなれば自分の抱えたリピーターも、彼に合わせてゲイ風俗の利用を控えるだなんて都合よく動いてくれるわけでもなく、世知辛いが当たり前に彼以外の子を指名するだろうし、そこで本命が移り変わって二度と彼のもとには戻らないかもしれない。

築き上げてきた地位や話題を失いかねないのに怖くないの？　とあたいは問うた。

「ダラダラと仕事し続けるよりもスパッと休んだ方がいいよ。メリハリなく惰性で仕事しても、じゃあ人気を持続できますか？　って話よ」

と返されて、それでも完全に納得できずにいると、

「あんた、休むをダメなことだと思ってない？　サボると混同してるでしょ。休んで自分の力を取り戻すのはプロに必要な準備期間だし、出勤しててもサボって努力を怠ってたなら、それはもう何の意味もないからね。仕事するフリしてるだけ。ま、だから目先の成果に気を取られずに、休む時は休めばいいよ」

そう聞いて、あたいは半信半疑で休暇を取って、休養に費やした。

しかし休み期間中に友達と遊びすぎて、生活リズムが狂ってしまい、復帰にかなり努力を要することとなった。休み方にも正解があるとは思わなかった。てへ。

味方じゃない、は、敵じゃない

ゲイ風俗はお客様のパイ（店舗常連客の数や業界全体の潜在顧客数）や、店内個室の数にも限りがあるので、ボーイ同士で多かれ少なかれ競争商売的な部分があり、他店の人間とだけでなく店内でも仕事を奪い合うことがある。

そのためみんな、各自で営業努力（写メ日記などのブログで広報活動。リピーター様の持続を目指す戦略考案）を大なり小なりやってるんだけど、ここで一歩間違えると、自分を高める努力より、他人を蹴落とす努力の方が楽っぽく思えてしまうのが人間の性《さが》。

あたいはこの業界に長年いて、たびたびそういった理由から確執や蹴落とし合いを見ることになったが、ボネ姉が指導をしていた時期はあまりそのような陰湿な雰囲気を店内に感じなかった。

彼に指導された子が語っていたけど、ボネ姉曰く「目先の結果を考えれば、同僚は売り上げを奪い合う敵に見えるかもしれないけれど、決して単純な商売敵ではなくて、むしろライバルだと受け止めた方がいいよ。お互いで高め合って営業すれば、店自体のお客さんも増えるし、ウリセン（ゲイ風俗）自体に良い印象を持って、長く業界を利用してくれる顧客にもなるから。そういうのって長くやってると回り回って自分のもとに帰ってきてくれることもあるのよ」と言われていたらしい。

つまり目前の人間と鷸蚌《いっぽう》の争い（漁夫の利。争っている間に第三者に利益を奪われること。この場合は他店に流れてしまうこと）をしてる場合じゃないというわけだ。そういうことは一番ダサいし、得るものを逃してばかりの三流の仕事に等しいと、一蹴していた。

しかしこの考えを諭されても、目先のお金欲しさに風俗という世界に飛び込んだ若者にとってはすぐには響かない。今でこそあたいも、商売においても情けは人の為ならずがあると理解できているが、自分が何よりもの主役で、業界もお客も動かすのは自分の力だと信じてやまない若人の頃に聞いても、きっと深く聞き入れなかっただろう。そんなことよりすぐ目の前の稼ぎを奪ってでも手に入れたいとすら感じると思う。ていうか実際にそんな感覚を持った時期もあった。

自分のもとに実績（この場合、指名とお金）が早急に繋がらなければ焦るし、焦りばかりが頭を占めるとすぐに結果が欲しくなってボネ姉の言葉も戯言《ざれごと》に聞こえてしまうのだ。ぶっちゃけ財布にお金がない状態では、長い目線で頑張れなんて言葉は耳を通り抜けてしまう。

だけどゲイ業界は、何度も話すようにパイが限られている。それもそのパイは一般的な風俗よりずっと少ないものだ。異性愛者の男性と、マイノリティであるゲイやバイセクシャル男性の数を比較しても分かるとおり、その客数は想像よりうんと少ない（またセクシャルマイノリティの割合から人口が少ないだけでなく、ゲイ風俗を利用していることが世間にバレた際は一般的な風俗よりも世間の目が厳しいかもしれないという点から来店へのハードルが少々高い）。

ボネ姉は、自分自身もかつては成果を逸《はや》り痛い目を見たのか、再三根気強く、後輩たちに教え説いた。

「ちゃんと冷静になったら分かるけど、そもそもお客さんにとって選択肢は無限大なわけよ。どこの店で誰を買うのかも、買うという選択を止めるのかも、全部お客さん次第。そんな浮動票な商売先を、自分のもとに引き入れるのは、自分の実力とあとは運。人との巡り合わせなの。それ以外は関係ないわけよ。だから身内と争ってる場合じゃないの。商売人は淡々と自分磨きと自分の営業をするしかないの」

ボネ姉は無駄な争い事は徹底して避ける人だった。向かい合うべきリスクの見極めが上手かった。

たしかに同僚は、仲良しこよしの味方でも、どんな時でもこちらを支持する仲間でもない。だからと言って敵ではないのも、また確かだった。

あたいらはふとした時、物事に近視眼的になって敵か味方か、どっちが上か下か、甲乙も白黒もつけたがる。答えが今すぐに理解できる状態で目の前にないと不安になってしまうからだ。

はっきりしない関係だと長続きしないのと似ている。恋人か友達なのかキチンと決めたいと思うのは何よりその関係性が不安だからだ。

敵は自らが作り出している。

爪を隠すか、牙を抜くか。

敵を作らないように
するには
努力が必要。

でも味方じゃないからといって条件反射で敵だと認定して戦うことも、敵じゃないからといって味方であることを強いたり期待することも、結局は不毛で、自ら敵を増やしていることに他ならない。いやもしかすると敵でもいいから立場が判明すると安心するのかもしれない。

だけどそれは人の弱さなのかもしれないね。耐え忍び、答えを見極めることはとても辛いことだから。弱い犬ほどよく吠える、とは、弱さ故にすべてを敵だと思い込み、自分に近づけないようにする防衛本能のことで、これもそれに近い。自ら敵を生み出してしまっている。

しかし、そこで踏ん張って、堂々と、冷徹なまでに淡々と。爪を隠すなり牙を抜くなりして先手は打っても先攻はしない。攻撃は敵しか生まない。それが自分も他人も守ることができる手段なのだ。

あたいも昔はよく自分といい関係になった男は、はやく自分の恋人にならないかとヤキモキしたわ。それでケンカして男を取り逃すことも……。だけど今は百戦錬磨のどすけべ大魔神。焦らずにのんびりと相手を待つことができるようになったわ（でも今まで彼氏できたことありません）。

情報開示のリスク
身の上を話す危険性

この世の中、情報を発信する手段が増えて、SNSやYouTubeなどの動画投稿サイトなど、素人やプロの垣根を越えてみんなが自分を発信する時代が到来しているわ。もはや人生がコンテンツだというくらい、赤裸々にすべて語って公開し、それで生活する人だっている。

しかし、そこで勘違いしてはならないのが《自分をすべて打ち明ける》——ということが誠実である唯一の方法ではないこと。また自分のことを話さないのも、不誠実なんかではないということよ。みんなの周りにもいない？　すぐに何でも聞いてくる人。だけどそれに答えられなくても、その厚意や関心に応えなくても人と向き合うことはできるってことよ。

ゲイ風俗ではお客様はボーイを、アイドルやあるいは芸能人のような目で見てくれることが多い。憧れを持って、ファンとして慕ってくれることもある。またお互いがゲイである（あるいは同性愛行為に耽《ふけ》るものである）という秘密を共有する仲間感からか、こちらに高圧的に出ない方も多い。男性同士だから力関係が近いってこともあるけど。

なのでやはり、その憧れに少しでも近づきたいと思うのが世の常。つまりファン心理というやつなので、みんなそれとなく（もしくはがっつりと）個人的なことを聞いてくるわ。プライベートの話――例えば彼氏がいるかどうかや今までの交際歴、あるいはセクシュアリティや出身地のことなど。

そして風俗が兼業（バイト）なのかどうか、本業として学生業や昼職をしているのか、そういった深入りしたこともよく質問される。身辺に関わることなので答えることによって生まれるプライバシー侵害の危険性は無視できない。

これにどこまで答えるか――その線引きというのは、かなり難しいわ。

だってありのままに答えれば、情報が漏れてしまい、ゲイであることや風俗に従事していることが、それを隠している身近な人間にばれてしまうリスクがあるし、またお客様自身が距離感を測り間違えて、ストーカーと化すまで発展するケースもある。あとは単純に自分を打ち明け続ければ相手に飽きられてしまったりすることもある。ボーイをすべて知ることによって、未知という期待がなくなって興が削《そ》がれるんだろうね。

なので対応は二つ。

真偽を入り交えてある程度お答えするか、あるいは適当にはぐらかして話題を逸《そ》らすか。風俗や水商売という業界では、そういったテクニックがうまい切り抜け方だとみんなに考えられていたけれど、ボネ姉は違った。

「話せないことは無理して話さなくていいし、聞かれたら話せないって答えればいいよ」

でもそうすればお客様は、自分は信頼されてないだとか、自分に不信感を持たれているように感じて嫌な思いをするんじゃないか？　とあたいは思ったけれど、ボネ姉はハッキリとその考えを切り捨てた。

「そうやって本来は《知りたいってお願いする側》のご機嫌取りするから、みんなつけあがっちゃうのよ。相手のことを知りたい、好きなものを詳しく知りたい、って思うのはもはや人間の本能だけど、《知らなくてもいい》と思えるような雰囲気と関係って、それはそれで素敵なことよ。根掘り葉掘り聞くのが無粋だってもの、たくさんあるでしょ？　だから堂々と断りゃいいよ」

例えば老舗のバーの寡黙でミステリアスなマスターと、お客と店主という距離感のまま心地よい空間が築けるように、物事には《まだ知らないことがある》とか《想像の余地がある》といった楽しみがあるんだと思うの。ましてやこの場合、個人情報は仕事ぶりには関係がないし、聞かれたくないことを無理に聞き出そうとする行為は礼に欠く可能性だって充分ある。好意があってもそれは関係がない。

人間関係には手順や分別が必要で、何より時間が必要。それを理解した方がより一層早く深く人と関われる——という、急がば回れなところがあるはず。

何よりボネ姉が言う通り、詭弁《きべん》でもなく、実際、物事の背景に思いを馳せる喜びというのも、人間の感性にはあるはず。

これって恋愛にも似通ってる。最初は相手のことをよく知らないからワクワクドキドキするし、もっと知りたいと想う。そして、相手を深く知ってからは、相手が大切だからこそ《踏み入らない方がいいこと》もあるって知ってゆく。そんな配慮がなければ愛でもないし、愛は他人を配慮せずに済む免罪符でもないことが分かるわ。

さらに本来、自分のことを打ち明けるとは、他人のためではなく自分のためである利己的な面があるのを忘れちゃダメね。自分の思いや愚痴、相談や身の上話だって、自分が抱えきれないものを他人にお裾分けするというものだし、自分を知ってもらいたいという気持ちがあるものだと思う。

そして相手がそれを受け止めてくれる時、そこに愛が生まれるんだと思う。

だから人の話を聞くことは、自分が知りたいだけというエゴイズムでやれば危険な尋問にもなるし、相手をコンテンツのように扱ってしまう失礼な行為に繋がる。

これは接客や仕事、恋人や友人だけでなく——人間関係すべてそうだろうね。

相手の口から何もかも聞き出すのは、信頼関係を築く上ではそもそも逆効果。

性急に相手から身の上を聞き出しても、信頼に基づいた告白でなければきっと真実は聞かされない。誂《あつら》え向きの、他人のための言葉しか出てこないわ。これは本来の情報開示である自分語りの自己開放的な面とは打って変わって、相手を不快にさせないための接客的な対応になってしまうからよ。

そんな建前の言葉なのに「はいじゃあそれで答えを知ったから考えるのは終わり」と相手の話を鵜呑《うの》みにして切り上げる、それまたエゴイズムで危険よ。

だって他人に対しての《想像力》が働かなくなるから。

相手はこういう人間なんだと完璧に決めつけて接すると、思わぬところで配慮を欠いて傷つけたり、逆鱗《げきりん》に触れてしまうこともある。人間関係において相手を決めつけて接するのは、偏見と先入観による一方的なコミュニケーションに他ならないし、そんなことで本当の人間関係が築けるようになるとは到底思えない。

「お前ビール好きだよな。ほら生ビール頼んどいたよ」って言って、本当はそこまでビールが好きじゃない人に飲ませるようなもん。勘違いや思い違いは人を容易《たやす》く傷つける武器になる。ましてやその情報が相手から信頼されずに出た嘘なら、もうコミュニケーションも信頼関係も何もかも上手くいってないじゃない。

相手の知らない面を想像して配慮するのも注意が必要になる。

人の事情を勝手に想像して受け取るというのは、ただの邪推だし、これまた決め付けでもあるから。結局、自分なりに想像した相手の人間像だけで接するというのは「相手はこうに違いない」と押し付けることにしかならないの。


つまり人と接する上で、情報というのは案外そこまで重要ではないということ。

いや、正確に言うと情報は確かに必要だけど、《完全に分かり切った》と思い込む姿勢があると、情報というのは価値を失うということなの。


想像の余地——つまり相手の持つ可能性に思いを巡らせるには、配慮や心遣いをもって相手に接する余裕、これがなければ人は人と深く関わるのは難しい。

この理解があると、自分が他人を不本意に追い詰めたり、関係を無下にしたりしないで済むだけでなく、自分の身を守ることにも繋がる。あたいは大学四年生の時、お客様に就職先を聞かれたりもしたが、それに対してキチンと返すことができた。

「秘密。でもきっと、今まで応援してくれたあなたが安心できるような、ちゃんとしたとこ何から何まで話さなくてもいい。

会話は量より質。

ろ」

するとそのお客様は察して、それだけを聞いて満足してくれた。

話さない、話せないにも事情や思いがあることを相手に伝える。

ただ避けるのではなく、向かい合ってから避けるというのは、似てるようで全然違う行為なんだろう。

それがこの情報社会のリスク管理におけるずる賢さだと、あたいは感じた。

ちなみにボネ姉はお客様に「城に住んでる。白馬に乗ってゲイ風俗に出勤してる。はい終わり。家のことは話さなくてもいいでしょ」って言ってた。そのかわし方はけっこうオモロイなって思った。

最大のリスクは慢心

ここまでボネ姉のことを話してきて、やはり共通してあったのは《自分から敵を作るな》

ということだった。これは勝負事を避けて平伏しろということではなく、自らリスクを避けるあまりにかえって敵を作るような、そんな愚鈍さに陥るなということであった。
だけど結局、ボネ姉にとって最大のリスクは《慢心》らしく、これに気をつけていれば、どんな世界でも誰であっても大丈夫だと言っていた。

「ゲイ風俗のランキングって毎月更新されるでしょ？　だから一位という冠《かんむり》も、1ケ月しか意味を持たないわけじゃない。それをずっと自慢して勝ち誇ってたら哀れよ。何年も同じように昔の功績に縋《すが》ってるなんて、ほんと成長できなくなるからダメ」

「それに一位が一番稼いでるわけじゃなくて、二位だけど売り上げや客数が一位より上のケースもあるし、ランキング外でちゃっかりチップを貰って、他のどの子よりも稼いでるケースもある。つまり勝者とか敗者とかってそんなものよ。誰が本当に勝ってるかなんて一見しただけじゃ分からないし、指標や見方によって何度も入れ替わるもんよ」
（※ゲイ風俗はリピート率などを加味してランキングを算出する場合が多いので、単純に一位が一番稼いでるわけでないケースもある）

「しかもね、今回は勝っても、次の勝負でまた新たな勝者と敗者が出てくるわけじゃない。人生ってそれの繰り返しだから、《1回勝ったからって一生勝った》みたいな発想すんのは危険よ。ちゃんとこれからを見越して反省と努力を怠らないこと」

ボネ姉は、ランキングで勝ったことを一度も自慢しなかった。最初は勝つことが当たり前だと思っている自信の表れのようにも見えていたけれど、結局彼には大局が見えていただけで、今の自分のいるステージの勝ち負けが、人生という大きな航路の中では取るにたらない些末《さまつ》なことなんだと認識していたんだろうね。

でもだからといって手は抜かない。勝利を軽視しない。勝負は真っ向から迎え、やるからには毎回きちんと戦い抜いた。その一歩一歩が、これからを形作る大事な一つ一つのキーポイントだと考えて、ちゃんと向かい合っていたからだ。

この考えがなければ、きっと小さなことばかり追い求めて嫉妬や確執に身を焦がす愚か者になるか、慢心で次のステージへと到達できない過去の人となるかだ。

慢心ではなく自信を。
彼のずる賢さの根源は、そこにあったのだ。

column 04

ボネ姉の最後

あたいがゲイ風俗に入店して3年ほど経った頃。

ボネ姉は長年のキャリアを終えようとしていた。

「もうあたし年齢的にもキツいし、ここの仕事は辞めて、そろそろ自分の店を始めることにしたわ」と彼は言うので、詳しく話を聞けばお客様からツテで店舗を借りたことなど、秘密裏にしっかりと計画を練って、そして実現へと動いていたことが分かった。

自分の現在のキャリアの終わりを見据えて動く。それは今の栄華を捨て去ることを、常に頭の隅に置いておくという悲観的な思想に思えるが、現実問題《何事にも永遠はない》ことは理解しなければならない。年齢や経歴・経験に応じたライフステージの移ろいは誰もが不可避の問題で、その移行に乗り遅れれば後々苦しみを味わうのは自分自身だった。過酷な現実だけれど、そうやって人は前に進んでいくんだろう、とあたいは彼の後ろ姿を見て思った。甲子園に出られるのが高校3年間限定のように、人には《その時にしかできない何か》があるのは間違いない。

だけどそれは、段々と選択肢が狭まって、やりたいことができなくなるとか、不自由になっていくというわけではなかった。

ボネ姉が地方でバーを始めて、これからも誰かと関わり続けて接客による幸福を選び続けるように、あたいはこれを書く今、二度目の進学を行い、自分が学びたいと思ったことを学んでいる。

決断と決別は、諦めではない。

別れや離別は、卒業でもあり、次の進路への糧でもある。

あたいは彼との3年間、そして彼との別れで、そういうことを学ばせてもらった。

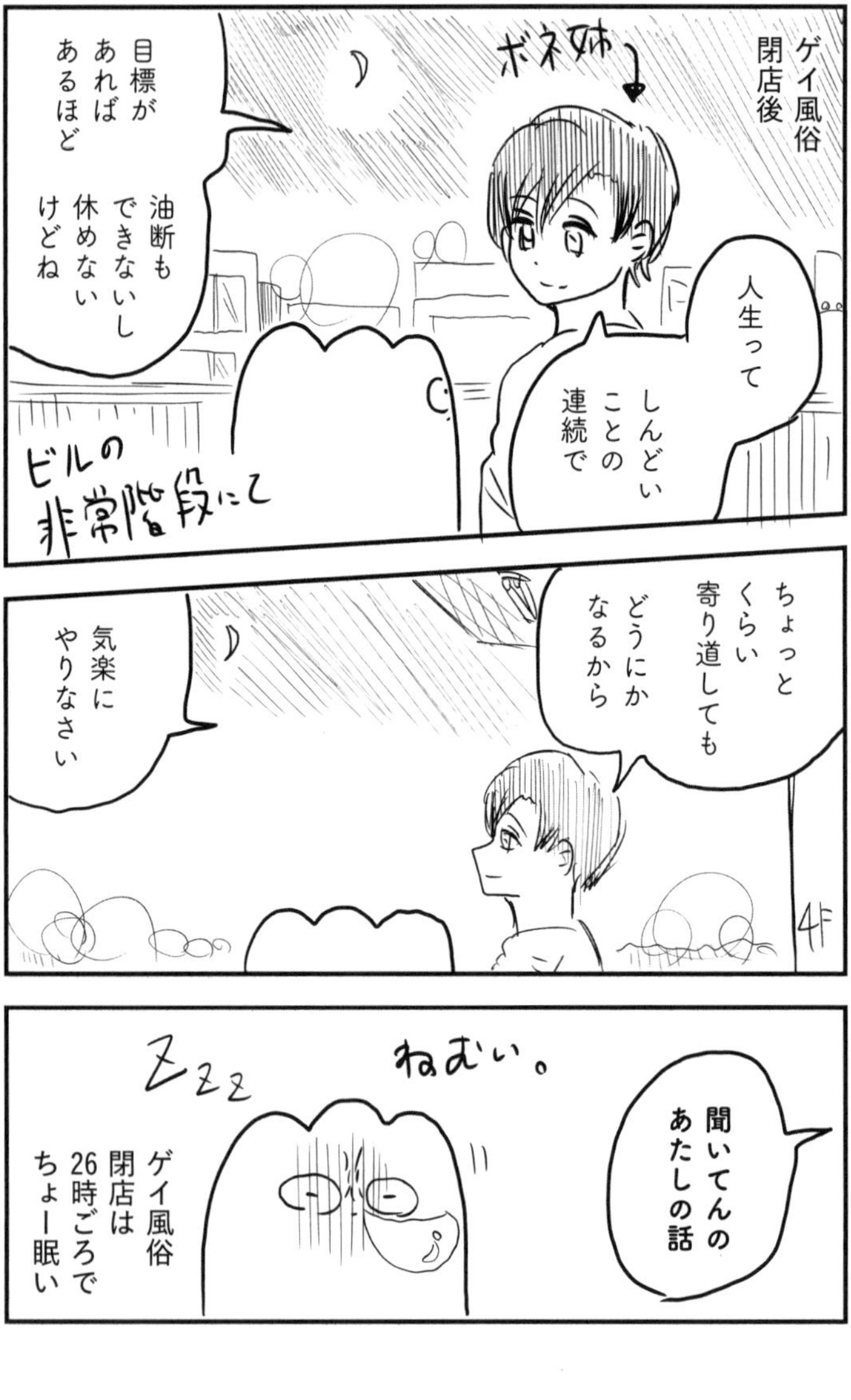
ゲイ風俗閉店後
ボネ姉
人生ってしんどいことの連続で
目標があればあるほど油断もできないし休めないけどね
ビルの非常階段にて
ちょっとくらい寄り道してもどうにかなるから
気楽にやりなさい
4F
ねむい。
聞いてんのあたしの話
Zzz
ゲイ風俗閉店は26時ごろでちょー眠い

第3章

老若男女、みんなアイドル!?

ずる賢さの種類

最初の章でも説明したけれど、あたいが想定するずる賢さとは憎まれない戦い方のこと。憎まれないとは、人の顔色を気にして媚び諂《へつら》って、自分の価値を落とすようなことをするものでも、人を気にしすぎて生きづらくなったりするものでもなく、堂々と物事と向き合って落とし所をつけること。文句の言いようがない仕事をする人のこと。それによって気持ちの良い勝敗をつける誠実な人間のことよ。

この違いは、憎まれたくない人と憎まれてもいいと覚悟している人の違いだと思うの。この意識にはものすごい隔たりがあって、人間関係や仕事を好転させる点においては、2つの覚悟の差は大きいわ。

なぜなら憎まれたくないあまりに、他人からの評価に振り回されたりしてしまうことも、また憎まれないためならダメなことを黙認して、人に対して指摘も干渉もしない場合もあるからね。そうなると悪い方向に自分までズブズブと足を突っ込んでしまい、結果他の人もろとも自分まで憎まれてしまうような、不本意な結果に陥ることもある。他人に指摘したり、反論することができなくて共犯関係になってしまうお人好しさんって多いでしょ？

上司の悪事を止められない、友達が言ってる悪口やいじめを注意できない——そうして聞いたり見て見ぬ振りしてた自分まで、悪い側の人間だと見なされてしまうなら本末転倒。

憎まれてもいいと覚悟している人は、自分の評価よりも他人との関わりとそれによって生まれる結果の方を重視するわ。

部下や誰かの手下としてやるなら、憎まれたくない人の方がうまいことできるように見えるけどね。いわゆる太鼓持ちや上司のご機嫌とりとしては前者の方が圧倒的に気に入られやすいから。だって何してもうんうん肯定してくれるイエスマンがいてくれるのは気分良いじゃない？

でも今や会社においても終身的な働き方が変化しつつあるし、どんな人間関係でも閉鎖的ではなくなった。コミュニティが多様になったり離婚や独身の立場が向上したりと、誰でも一人で生き易くなったことで、誰かの評価に依存した能力は、少しずつその価値が薄らいでると言えるわ。

何よりイエスマンは代わりがいるから、別にその人である必要はない。使い果たされてしまう危険性も持ってる。

それよりも、疑問を投げかけて、時に対立するような人の方が、今は組織でもパートナーでも必要とされやすい。喧嘩ではなく議論ができる人ね。物事を話し合って反対意見を言うことを言い争いだと思っちゃう人もいるけれど、議論とは相手と自分の意見を交流させて、物事を良い方向に運ぶことだから臆することはないわ。

もちろん憎まれてもいいと思ってる人の中には、他人にどう思われてもいいから、周りへの配慮を一切しないという我が強く協調性のない人もいる。だけどそれは覚悟というより生き方の選択や、諦めだったりする。あたいが指す覚悟は、尽力し人と関わった場合の結果を受け入れるという覚悟のことだから、少し事情が違う。とにかくプラス思考。いい結果のために多少傷つくのを恐れない人って言い換えた方がいいのかもしれない。

だからそんな人の方が最終的には味方に恵まれたり、敵を作らずに済んだりすることが多いのは道理に適っている。なぜなら物事を投げ出さない人は信頼を集めるからだ。

さて、ではでは、そんなずる賢い人だけど、実態を覗いて深く観察していくと、ここには大まかに二種類の人がいるとあたいは感じたわ。

①他人や場を思いのままに動かそうとするリーダータイプのずる賢さ

②自分を相手にどう思わせるか、という売り方を知っているアイドルタイプのずる賢さ

前述したボネ姉は、リーダータイプのずる賢さが目立つ人だったわ。

リスク管理というのは自分がその場を切り抜けて逃げ切るだけでなく、そもそものトラブルの発生や再発を防ぐことに長けているということだから、これは個人的な成功だけでなく指導者や上司として場を先導することにもとても向いている性質だと思う。何より彼の場合は自分がランキング上位で店の看板となっていたことや、古株あるいは上司・先輩としての立場や矜持《きょうじ》があったからこそ、矢面に立ちながら相手や環境を動かすずる賢さを持ち合わせる必要があった。

でもみんながみんな、彼のような空間支配に長ける必要も、その選択に迫られる必要もないと思う。ボスはどんな空間にもいるけれど、それよりもボスの下で働く個人の方が圧倒的に多いから。それにどんな人でも下積み時代はあるし、場所が変わればボスでもリーダーで

もない個人に戻るからね。

大抵の物事は《自分》対《相手》という個人的な場合から始まり、その結果の積み重ねが連鎖的に自分の環境や評価を生み出していくものだから。人間関係、営業、社内や学内での折衝や競争、個人間の対人による駆け引きが、ほとんどの人の目先の物事だと思う。

だから、あたいはまず、《自分一人でどうトラブルや競争を切り抜けるか》を自分の課題とした。


その時に気づいたのが、アイドルタイプのずる賢さ。


つまり夢を売り、非対称な相手との関係を心地よく保ち続ける人間のずる賢さのことだった。

これを今から説明するので、みんなにもぜひ取り入れてもらってアイドルになって欲しいと思う。大丈夫、安心して。老若男女問わず、みんなアイドルになれる。

アイドルはファンと対等ではない？

歌って踊るアイドルも今でこそファンと握手会やチェキ会などで顔を合わせて向かい合い、ＳＮＳやバラエティ番組、YouTubeなどの媒体を通してファン（生活者）との距離を縮めているけれど、昔は歌番組やＣＤの先でしか触れ合えない一方的な存在だったわ。

今こうしてファンとの距離感をなるべく近めに合わせて商売しているのは、そういった身近さが良いという価値観や需要が高まり、生活の一部にアイドル（偶像）が合わさることによって多幸感が増すということにみんなが気づいたからだと思うの。スマホ越しですぐ目の前に憧れがいるという感覚は、消費者とアイドルの垣根を一気になくしたわ。自分が応援しているという感覚が増すのよね。アイドルの人気選挙とかもそうね。自分たちが主役に関与している作りがウケてるの。

これと同時にお客様と従業員が対等で、皆が相互尊重すべきだという思想が社会に広く知れ渡り、芸能やメディアの神格化が、良くも悪くも崩壊しつつあるのが昨今の風潮かなと感じるわ。

新聞やテレビよりTwitterの方がいいという意見にも通じるわ。民意が反映されやすいSNSの方が迅速に情報が流れ、権力者の意図が介在しない分、非権威的で信頼ができるという声が高まっているの。ネットなどの発達によって情報の透明性が変わり、企業や業界の内部告発や、顕在化していなかった被害者や被差別者の声の高まりにもそれらは通じていて、例えば昨今のエッセイの流行などもその潮流の一部だろうね。とにかく良くも悪くも個人の声が大きくなった（もちろん権威とは、お金や政府と一緒で信頼を担保にその効力を発揮してきたから、本来は揺るがないもの。だから権威すべてを疑う必要はないわ。権威の内部腐敗に対して猜疑心を覚える時代になったのよね）。

あたいが上梓《じょうし》してきたゲイ風俗やゲイバーの話もそう。アンダーグラウンドとされた世界へのスポットライト。どの人間にも等しく声を上げる権利、対等に扱われる権利があるのだという認識が高まってきた証左だと感じてるわ。

そういった流れで、等しくメディアに対してマス（多数派）になれる時代だからこそ、YouTubeなどのプラットフォームから素人や一般人が力をつけて台頭する時代が訪れたのだと思うの。

そしてゲイ風俗でも、いわゆる風俗の従業者としてお客様に尽くし、まるで召使いや人身売買のような扱いを受けるという風潮は、少しずつ変わってきている場面も（少なくとも風俗業界の中でゲイ風俗には）あった。ＬＧＢＴｓなどグローバル化を通して培われてきた人権意識は、ないものにされてきたマイノリティにも声を上げる機会を与えたの。もちろんそれは声を上げてきた先人の方々の功績によるものだけど。

だから今やゲイタウンである新宿２丁目にはセクシャルマイノリティ以外のお客様がたくさん訪れるし、ゲイの多くもTwitterやゲイアプリなどで顔を出して（写真を公開して）広く繋がりを持って生きているわ。

ゲイ風俗でもTwitterなどのＳＮＳのアカウントを持つのは当たり前で、ボーイたちが自らの源氏名でＳＮＳに登録して、お客様とコミュニケーションを取っていることも珍しくない。

お客様がボーイに対して、お金欲しさの若者だとか決めつけたり、あるいは人間として別種の風俗従業者であるという侮蔑感情を持って接するのでなく、等身大の男の子たちを応援するファンと化している面もあるだろう。

これには情報の透明性が、お客様である部外者にも適用されているからというのも大きいと思う。

昨今はネットであったり業界本であったり、色んな情報アクセスの手段があるし、提供者がいてくれるから、専門家の意見や見解にアクセスすることは容易い。誰でも情報に触れて、自分が選ぶサービスや物を吟味して、取捨選択をすることができる。例を挙げるなら医者が出す本や医療業界の裏側の記事もたくさん世に出ていて、病院に行かなくともある程度情報を得られるわよね。まぁ正しいかどうかはともかく。

だからお客様や一般大衆が、ただ受動的にサービスや情報を受け取るということは少なくなってきているわ。

テレビ一強の時代が終わってきたからこそだろうね。みんなすぐに物事を調べて、誰かの意見を参考にしている。

もちろんネットには情報の正確さや真偽の観点では問題もあるけれど、情報へのアクセスのハードルがグッと低くなってきているのはやはり大きいわよね。物事にはまず「とっかかり」と「分かりやすさ」が重要だから。きっとこの本もアマゾンのレビューとかTwitterの口コミとかを参考にした人はいると思う。

こういった情報の気兼ねなさを健全に利用できるなら、いいと思う。お医者さんにかかった時のセカンドオピニオン（別の専門家に第三者的意見や別の知識を求むこと。違う病院に診察に行くことなど）もそういう考えのもと生まれた行為よ。これがあるからみんなより良いサービスを受けられるのだし、提供者もお客様を騙したり裏切ったりしないように励むってわけ。

これは、人間関係でも、人気商売でも一緒。

いくらアイドルとして神格化されて、好意のもとお客様に慕《した》われても、やはり選ばれる側にも仕事をやりきるという責務は発生するし、選択されているという緊張感は捨てられない。あぐらをかいて、ただお金を受け取るだけでは今の時代はやっていけない。

アイドルにも、アイドルとしての立場を崩すことなくお客様に対応しつつも、礼を尽くし、相手を尊重する必要性がある。人間関係で言うと親しき仲にも礼儀あり、とかと似てるかな。この礼を欠けば、一気に人が離れていくことをみんなどこかで忘れないようにしなければならないわ。

いわゆる炎上や批判のリスクが、アイドルも無視できないほど大きくなったワケ。昔のゴシップ誌の役目が今や一般メディアにも担われているのだから。

そうなるとやはりこの場合、他の消費者と供給者との関係と同じようにお客様とアイドルも対等であり、お金は謝礼である経済要素にしか過ぎず、結局は人間的な繋がりが商売において最大の必須項目になるのは当たり前のことなのだ。

このことに気づいて、お客様への対応、売り方を熟知しているのがアイドルタイプのずる賢い人間たちだった。

さて、お客様を惹きつけ呼び寄せる人気者、つまりアイドルタイプの人間も、顧客と従業員としては持ちつ持たれつの対等ということだが、この法則は商売以外でも例外ではない。

憧れや敬意を持って見ている人でも、自分に対して対等ではなく、こちらが尽くし、向こうはそれをただ受け取るというものしかなければ、よほど従順な人でなければ、不平不満を覚えて心が離れていくものだから。もちろん、子育てや介護など一見一方が受け取るだけに見えるものも、受け取り手が「生きてる」って事実が相手に生き甲斐を与えてることもあるから、実は与え合っていると言えるのだ。

ただ敬意の量には注意が必要。敬意とはあればあるほどいいわけじゃない。行き過ぎれば崇拝として崇《あが》めるばかりで、相手とは決して対等な関係だとは言えなくなる。相手様には敵わないですと遜り、ただ相手の奴隷と化すだけになる危険性があるの。お客様は神様ですの理論が暴力的に使われる時と同じね。自身の尊重がない敬意は健全とはいえない。

だから敬意を向けられる側としても、それを丁度いいところで均衡させなければならない、なぜならファンの暴走に繋がりかねないから。アイドルは神ではなく人間なので、敬意を払われるのはその仕事ぶりや行動、またその姿勢だけで、存在そのものまでいくとやりすぎになる。

またこの人がやるからこれはいいことなんだ、なんて全肯定するまでに至ると、歯止めがかからなくなるわ。カルト的な人気はファンやシンパの暴走、そしてその崇拝される人やコ

アイドルのバランスは
綱渡り
どちらにも
転がりうる。
神

ンテンツまでも他の人間から見れば《ファンの暴走を許す不届きもの》と思われる。ましてや過度な敬意は真綿で首を絞めるようなもので、その者の失敗や弱さを段々と認めなくなるわ。いわゆるアイドルはウンコしないっていう前時代的な発想ね。神格化の弊害よ。ファンはだんだんと粗を許せなくなり、自分たちの崇拝を裏切られたと思うようになる。恋人や友人関係でも、このような勝手に期待して勝手に裏切られたと途端に手のひらを返す軋轢は存在しているわ。人間の好意という感情にはつきものの期待なんだけど、これも程度が必要ね。

あたいら人間は誰だってウンコするし、漏らしたり、ケツが切れたりするものだから。なので不完全な自分を尊重してもらい、過度な期待による攻撃を防ぐためにも、人は対等な立場で、他人という距離感のままで人に好かれる必要があるの。

この章ではあたいがゲイ風俗で見てきた個人戦にプロ意識を持ち、粒揃いな個性を見せてきたボーイたちの、それぞれが持つやり方を列挙していこうと思う。

ただしこれは彼らが、その時その時正解だと思ってとった選択肢の一つなので、どんな状況にも適用できる最適解だと思ってはならないわ。相手や状況によって選んで切り出せるジョーカードのような処世術で、これが切り札になる時も、失敗になってしまう時もきっとある。この世には誰からも好かれる人間がいないのと同じように、どこにでも通用する最強のカードは存在しないから。

自分の値段設定権

ゲイ風俗の指名料は60分1万3千円から1万5千円ほどだった。これは地域や店舗形態（出張限定やマッサージ店）によって異なるけれど、大体の店がこの範囲で営業していたわ。

仕事内容や個室などを維持する費用観点から、マッサージ店や出張コースは店舗型よりも安いものの、高級店などが存在しないゲイ風俗の世界ではカルテルを組んでいるのか？　と疑ってしまうほど横並びの価格しか見られなかった（カルテルって企業連合のことね、同業の店がこっそり会談して同じ価格に釣り上げたりするような悪いこと）。

でもゲイ業界って昔からあまり種類や規模の大きいものじゃなかったし、慣例とか習慣を大事にする文化があった。なので業界に在籍するボーイも、またお客様も、価格に同意して店を訪れ、業界を利用していた。それはそういう文化《もの》として受け入れられていた。

じゃあたいら人間は、個人において、社会や業界という大きな力によって定められた価格や給料を自由に操作できず、決められたルールだけでしか戦えないのかというと、実はそうではない。

物やサービスの価格こそ変えられないけれど、その物自身の《質や量》を変更させることは、あたいら従業員や一般人にも可能だった。

まず《質》。

これはサービスの満足度や商品の差別化など。例えば物販販売でも、ただ物を売るのではなく、説明や紹介、パフォーマンスなども入り交えて満足感を増大させることは、個人的な努力で可能だし、同じ料金でも差別化を図ることはできる。

ただこれは行き過ぎると、サービス外の過度な接客など、本来販売されているパッケージ以外のものが商売の中に組み込まれてしまうこともある。例えばゲイ風俗ではコンドームを使用した挿入行為を規則で定めているが、これを破り、ノースキン（コンドームを使用しない性行為）を行うなどすれば、同料金で他サービスを超越したサービスを提供できてしまう。もちろんこれはあってはならないことで、そのような行為は他の通常サービスの価値を毀損するばかりか、自身を危険に巻き込む行為なので、厳格に禁止されている。会社で勝手に商品を抱き合わせて販売するような賄賂・収賄も全く同じ。正当な商売をする周りを出し抜く反社会的行為と言ってもいい。

そして《量》。

これは労働力の量のことで時間外労働などのことを指すわ。また業務時間内に過度な仕事を引き受けて生産量を高めることも、同一賃金での価値を高める行為。

ゲイ風俗では店外でお客様と会う逢引《あいびき》行為（ヤミケン）を固く禁じているが、それをすることによって無償の働きを提供し、お客様を摑む者も中にはいる。これも時間単位の価値を希釈する行為（例えば他の子は1時間で正規の1万4千円に対し、2時間で1万4千円として提供することは、1時間あたりの料金を7千円にしてるのと一緒）で、業界全体の提供している通常価値を毀損するものよ。ブラック企業などでの違法なサービス残業などと本質は同じで、労働者全体の権利や価値を大きく損なう行為だと思う。仮に違法残業がなければ、その分従業員の給料は上がるし、新たな雇用だって発生するのだからね。だから量を正当な方法で増やすとしたら、効率化ってことになるわ。つまりコツを摑んで、テキパキしたプロになるってこと。

労働者には《価格》自体を変えたりすることは難しいが、その《価値》を変えることは可能だということ。

これも人間関係においてはよくあることよ。都合の良い人間になったり、人のために奴隷のように尽くすことは、自身の価値を大きく下げる行為だけど、そのおかげで他より選ばれることがままある。

さて、ここからは経験を語らせてもらうけれど、あたいの同僚にはわりとサバサバした可愛い感じの子がいた。確か同い年の男の子。

源氏名はマオ。

あたいがゲイ風俗の写メ日記をせっせと更新していると、彼は「真面目ですよねー、もちぎさん」と、嫌味ではなく純粋に声をかけてきたわ。

「マオ、あんまり写メ日記更新しないもんね」

「うん、見る人は見るんでしょうけど、それを書いたりするくらいなら、なんか他のことするかなぁ」

マオはテキパキと仕事をこなし、退勤時間（定時）が来ればすぐに帰るような子だった。

「なんというか大胆不敵よね。マオはお客様に媚びたりしないし、他の子より肝が据わってると思うわ」

「そうですねー。サバサバしてるとは言われますね。でも、俺ずっとこんな感じですけど、リピーターさんとかは全然文句言わないっすよ。ほんと自由にやらせてもらってます。仲良くなったら歳上のお客さんでもタメ口で話すしね」

これはまぁ彼がキチンと仕事をこなし、やることはやっているからだろうけど、ある意味キャラクターで許されている節はあった。

「それに、たまに必死こいてお客さんに営業かけて、営業時間外でもブログとかメールしたり、指名時間を越してもなぁなぁで済ましたりして営業頑張ってるボーイもいますけど、そんなんしたらアホっすからねぇ」

確かに連絡先の交換は禁止されているが、お客様に気に入られたいが故に規則を破り、休日もお客様の対応に励むボーイもいた。それもお客様の心を離さず、指名に繋げるためだろう。

「そんなことしてまで指名を受けても意味ないでしょ。他の自分のことできなくなったらおしまいじゃん。なんのために金稼いでるか分かんないし、それにそんな安売りでお客さんに好かれても《安いから好き》ってだけっすもん。そういうのって結局、他のとこ行くでしょ。代わりはたくさんいるから」

彼の推察は、なかなか鋭いなと感じた。

確かに、安いから好き、にしかなれないのだ。

つまり扱いやすいから、切り捨てやすいから。それは《特定の誰か》を求めた行為ではなく、《該当の誰か》でしかない。代わりになる《やすい人材》は世の中にたくさんいる。

なるほど彼はずる賢かった。真に目の前にいるお客様だけをしっかり捕まえていたのだ。時に現れる買い叩く者を相手にしなかったし、そういう人に気に入られようとは一切思ってなかったのだろう。

時間や規則、価格の設定、そのすべては対人関係を行き過ぎないための契約であり、その設定を守れない者は、はなから相手にしない。そういう戦略的な立ち振る舞いを取っていた。それが自分の身を守ることにも気づいていたのだ。

あたいも彼を見習い、買い叩かれないように《ワンタッチ1万円》と書いたプラカードを掲げてゲイバーで酔い倒したことがある。

誰にも相手にされなかった。

気楽に、でも全力で！

よく「物事はほどほどに」という美徳を聞く。なぜこれが大切な考えとされているかというと、どんな分野でも《長く続く》ということが重視されているから。商売でも老舗だとかは威厳があるし、対人においても長い付き合いはとっても貴重。そもそも昔から長生きが良いものだとされているのだから人間は永遠や恒久というものに本能的な魅力を感じるのかもしれないね。

長続き自体が美徳なのだ。だから長続きしやすい「ほどほど」が重宝される。

そんな「物事はほどほどに」だが――努力というテーマにおいては全部が全部それが当てはまるとは言えない。

100%の力で努力を始めても、体力や気力が尽きて断念してしまうので、はなから半分~80%程度に留め、長く継続する方が良いこともある。あまりに過度な努力は長続きしないし、体や心を壊したりするからね。

《継続は力なり》は確かに正しい。だけど《手を抜いてでも長くやれば良い》というわけでは決してない。やるからには正しい努力、正しい手の抜き方がある。前章で説明したボネ姉の《時には休む理論》もこのことを指しているわ。

人間関係も、あまりに過度なことをすると安売りや価格破壊の危険を招くとは先ほど書いた通り。また、あまりに自分を売りすぎると《飽きられてしまう》という説もよく聞かされる。初めは知り合って間もなく、お互いを知らないからアツアツなカップルも、段々と相手のすべてを知って冷めていき、嫌な面に目が行くようになる――だとかと同じ考えね。あまりに性急に自分を売り込むと、相手はお腹いっぱいになっちゃうの。

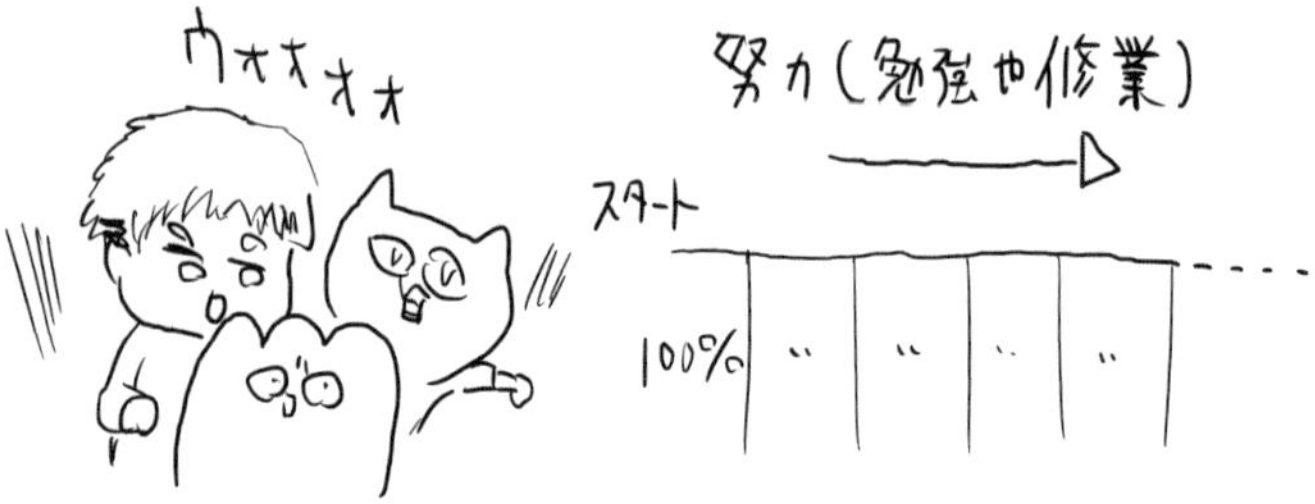

ずっと100%で努力は
むずかしい。

意気込み過ぎは続かない。

だからと言って仕事や勝負で
80%のほどほどを狙うのはもったいない。
評価とは他人が行うものなので、
自分にできる100%で挑む！

なので営業も、商売も人間関係も、顧客や相手との関係を長く続けるには80％で、リピートしてもらうには少し物足りなさを感じさせて、再来店を狙えば良い。

――とは、ならないだろう。あたいは全くそのように思わない。それでは手抜きの店員と認識されて二度とお客様は戻らなくなる。


人間関係の過度な安売りも、カップルの破局も、相手に１２０％の自分で勝負をし、その状態で相手に期待をさせた《背伸び行為》だからお互い辛くなっちゃうのであって、その対策として80％の《手抜き行為》でやれば良い、は飛躍し過ぎかなと思う。

営業や対人で相手に喜んでもらうのは、やはり80％でも１２０％でもなく今の自分が持ちうる１００％の心持ちと努力。

それを物足りないだとか、もっと楽しみたいだとか決めるのは相手の仕事。

ただしこの80％や１００％は仕事ぶりのことであって、体力や気力のことではないから安心してね。そんなずっと本気になれる人なんてこの世にいないから。

何でもそうだけどプロや上級者は上達した結果80％の力で１００％のパフォーマンスを叩き出すことができる。どんなに肩の力を抜いても手は抜かない。それを目指していきましょ。

これまたゲイ風俗の同僚に、ジョーという子がいた。短髪筋肉系で、その力強さを活かしてマッサージなども習得して営業に組み込んでいた。

「俺、どのお客さんにも時間が余りゃマッサージしてたんだよ。ほんとはテキトーに座って話すだけでも良かったけど、トークも苦手だし手持ち無沙汰をなくしたくてな。そしたら最近マッサージをメインにしたお客さんも増えてきたし、マッサージのための時間を取ろうと延長してくれるようにもなったんだよな。給料も余裕出てきたわ。ありがたい話だよマジで」

しかしそれは彼の努力の賜物《たまもの》。指名時間の最後の最後まで行き届いた接客を続けたからだろう。しかも時間範囲内であればプラスアルファの安売りではなく、キチンとした業務の一環の中でのプロフェッショナルだ。このほんの少しの踏ん張りが、大きく評価を分けることもあると、あたいは学んだ。

アイドルタイプのずる賢さの割り切り——つまり相手がどう思うかは相手に任せてしまい、

自分のやるべき１００％の仕事をする、ということは、全力でやれる範囲をしっかり見定めて、その範囲内でしっかりと仕事に精を出せるので合理的で健全だった。だから自身の負担になりづらいのだろう。もし自分を追い詰めてしまえば、安売りに繋がってしまうことも多多あると思う。全力と必死は違うのだ、１００％を出すなら全力でやりたい。

あたいは彼に倣って、お泊まりのシャワー時にお客様の髪を洗うサービスを始めた。他の子にはできないサービスとコミュニケーションで一線を画そうと思ったのだ。おかげで美容師さん並みに洗髪が上手くなってしまう謎な技術を身につけた。

声に対する防御力

人と関わる上でどうしても避けられないものは、やはり批判や衝突。これは人と人、つまり別の考えを持つ違う境遇の生き物が交流すれば必ず発生するものだと思う。

この批判をすべて頭ごなしに否定し、衝突を避け続ければ、それは自分が正しいと信じてやまない危険な思想に行き着く。偏りや自分の過ちを受け入れられずに取り返しのつかない状態になってしまうわ。「まじで自分最強、周りみんなバカで雑魚だわ、チェケラ」って調子乗ってるのと同じ。これはマジでヤバい。

行き過ぎた物事の否定は、人と関わっているようで、その実、自分の認めた現実だけを確認しているばかりの孤独な作業なのだ。


しかし世の中には批判ではなく、誹謗《ひぼう》という似て非なるものがある。

これは中傷や悪口、脅迫や侮蔑という100%悪意に満ちた攻撃のこと。

どうしても人と関われば、そういった声が大なり小なり誰にでも向けられる。これはもはや確率論的なところがあって、誰か個人を標的にする目的ではなく、《攻撃する気分や心理状況の時に、目の前に飛び込んできた目立っている人間》に対し、《自分への反撃や反論そして何より身の危険が及ばない状態が揃った時に攻撃を行う人》というのが一定数はいるので、不可避かつ確実に起こりうる自然現象のようなものだと考えた方がいい。

つまり相手と自分の間にフェンスがあって、こちらには投げられそうなものがないことを相手が分かっている時、相手に悪意があれば石をこちらに投げかけてきたりするのだ。良心がない人間と出くわすのは確率論で、人とたくさん関わればそれだけ多く顔を合わせてしまう。

だからと言ってその加害を看過したりするわけではない。そういった悪意には対策や対処は必要だし、過ぎた行為には経営者や目上の人間からの注意、あるいは法的な対応や処分が最終的な解決策になる。こちらから石を投げ返すのではなく、フェンスを強固にして、信頼できる人物に手助けを求めれば良いのだ。

じゃあこの現実的な誹謗に対して、実行できる手段は前述した通りだとして、精神的な対応の方はどうすれば良いのか。

メンタルケアには千差万別の手段があって、これもどれが良いとは一概に言えないけれど、ただ一つ言えるのがそこまで人間の精神は図太くならないってこと。

誹謗中傷や加害に対して慣れるというのは、《心が死んで反応しなくなる》か《はなから意見とせず無視している》かあるいは《メンタルケアの方法をたくさん覚えた》か、などでしかない。人の精神そのものは傷つくようにできている。だから傷ついてしまう自分を嫌になんて、ならなくていいからね。

これらは精神的な《防御力》が上がったのではなく、《回避力・回復力》が向上したか、そもそも戦ってすらいないということなのよ。本人の心は変わってない。心の持ちようが変

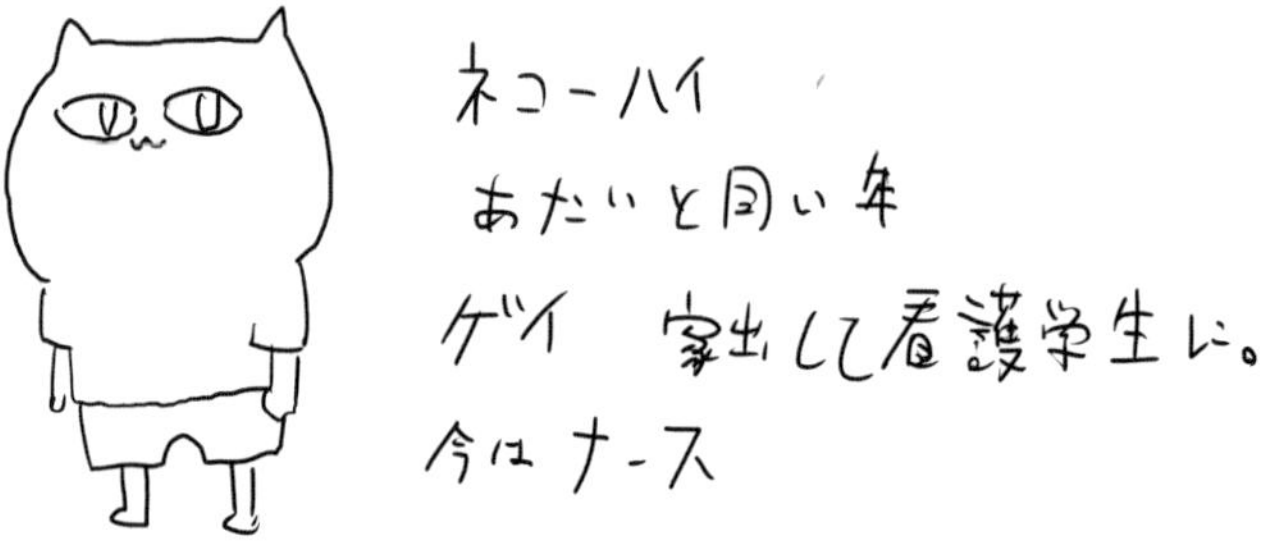
ネコーハイ
あたいと同い年
ゲイ　家出して看護学生に。
今はナース

わっただけ。

他人を気にしなくなるほど強くなってしまう、とは繊細さも機微も失うということ。そんな風に強くなる必要はないと思う。

特に精神面で強くなり過ぎれば、誹謗に対して相手を徹底して叩き潰すような行いにも繋がりかねない。慈悲の視点を忘れるのは常に強者側だから、あまりにも強くなりすぎるのも問題だと、あたいは感じている。

さて、ここで、いきなりだけどあたいの親友を紹介するわ。ゲイ風俗時代にあたいの後輩だったネコーハイという男がいる。

もう10年以上の付き合いになるけれど、努力家で強気で、人に媚びず、権力に媚びず、どんな大人や立場にも物申すようなゲイ。

よく言えば大胆不敵、悪く言えば結構ケンカっ早い人間。この子はあたいが持たない視点をたくさん持っているので面白いやつだなって思う。

そりゃもちろん彼も人間なので精神的に参ったりすることはあったが、自身の仕事に対する責務や能力不足などで落ち込むだけ。それは真面目さや仕事への自負から来る反動のようなものだった。今、彼は看護師をしてるので、命や体に関わるプレッシャーの重さは想像に難くない。

ただ彼は、落胆の原因に他人との確執を挙げることはなかった。

「悪口なんて、４時44分理論と一緒っすからね」

あっけらかんと彼は言う。この発言をしたのは令和に入って一緒にご飯を食べていた頃のことだ。

「何よそれ？」

とあたいは問いかける。

「ふと、デジタル時計を見た時に、４時44分だったりすることってありません？　なんか不吉な並びで、嫌な思いするじゃないっすか」

「うん、呪われた気分になるわね。たまたま見てしまった星座占いで最下位になった時と似たような感じがする」

そうあたいが返すと、ネコーハイは続けた。

「あれって偶然時計を見て、１時05分でも16時22分でも23時51分でも何にも思わないのに、４時44分だけは不吉だとか特別な理由があるとか思い込んでるから、それだけ強く記憶に残ってるんっすよ。他の時間と同じ24時間の中の１分なのに、悪いイメージだけが大きくて頭に強烈に残ってるだけ。悪口もそうなんすよ。全人類に嫌われてる人間なんていない。誰かが好きか無関心かの立場を取ってくれてるのに、悪口とか嫌いって言葉だけが大きく見えてしまう。自己肯定感が低かったりすると、自分が嫌われてる理由ありきで意見を探しちゃうんすよ。だから４時44分と同じで悪口だけが覚えやすくなるんすよね」

ネコーハイはきつめの口調で話すが、あたいは毎度面白い視点だなと納得してしまう。

厳しさよりも割り切った優しさを感じるからだ。

「じゃあ自己肯定してる人は、良い意見も悪い意見も一つの重みなんやね」

あたいが反芻《はんすう》して答えると、彼は首を傾げた。

「まぁー真面目で良い人ならっすね。俺とか不真面目なんで、自分を褒めてくれてる人の意見を大事にしますし、その人たちの指摘しか聞かないっすけどね。はなからケンカ売って来るヤツはブロックっすよ。ネットでも現実でも」

多分ネコーハイの指すケンカとは悪口のことで、異なる立場の建設的な意見や批判は無視してないのだろう。

「それに、好きって意見って本人には届きづらいんすよ。99人が好きって思ってくれててもね」

「なんで?」とあたいは聞き返した。

「好きはセンスだからっす。何かを好きって表明すれば、自分はこういうセンスを持ってますって意思表明になんすよ。だから、好きなものを批判されたら自分のセンスごと否定されてしまうんす。そしたらみんな傷つきたくないから、センスを否定されたり笑われたりしないように自分の好きを言わなくなる。でも嫌いは簡単に言える。悪いのは嫌いって言われる方だって簡単に責任転嫁できるし」

彼の意見は確かになるほどな〜と感じた。好きも嫌いも本人の中の嗜好《しこう》や思想の選択にしか過ぎないのに、嫌いには社会正義や常識という正当性の皮が被されて、いとも簡単に相手に投げつけられる。批判ではなく誹謗。ここには建設的な意思はなく、《提案》や《変わって欲しい》という願いもなく、《いなくなって欲しい》という本人のエゴしか内包されていない。

「好きって人は黙ってるか、いるけど自分が無視してるかっすね。わざわざ自分が4時44分や悪口を大きく受け取る必要ないっす」

彼のそういう冷静で、物事を俯瞰的に見ている姿勢は、他人と関わることに臆することなく取り組めるずる賢さだと、あたいは考えた。

column 05

ネコーハイとあたい

ゲイ風俗に入店した19歳の時、あたいは寮に入っていた。

最初は東京に出てきて着の身着のままだったので、掲示板で出会ったゲイのお兄さんの家に転がり込んだ。しかしすぐにあたいは同棲じみたものが自分には無理だと感じ、店の寮に身を移したのだ。お兄さん自身はすごく良い人で、新品の布団を用意して、あたいのために服を買ったりしてくれたが、申し訳なさが勝って自立をするべきだという考えに至った。

寮といっても、その日使用していないゲイ風俗の店内個室を使用してもいいというだけの制度だったので、それもまた完璧な生活とは言えなかった。日中や先刻までお客様とボーイの男性二人がプレイで使用していたベッドは、いくらシーツを変えようが汗と精液の染みているマットレスの気配がして気持ちいいものではなかった。脂臭と加齢臭がする部屋で、心の底から休息できる日は訪れないとすぐに理解できた。寮費だけはかからずに済んだのが救いだった。

そして性急に、あたいは懇意にしてもらっていたお客様に頼み込み、名義を借りてアパートの一室の賃貸契約を結んだ。これでようやく自分の生活が始まると、とても嬉しく思った。

そんな時に、ゲイ風俗で出会ったのが彼、ネコーハイだった。

彼も地方から出てきたあたいと同い年のゲイで、看護学校への進学のためにゲイ風俗に入店、また寮で生活するボーイでもあったので、シンパシーを感じてあたいは「似たもの同士仲良くしよ～」と話しかけた。

「お前、地方出身だろ。俺はお前みたいな田舎っぺじゃない。東京の郊外の方ってだけ。話しかけんな田舎もんのブス」

と、ネコーハイはあたいの方を見ないで言った。

彼はあたいと同じく家庭に不和があったので家を半ば強引に出た人間だった。頼るところもなく、孤独で不安だらけの環境にストレスを感じていたんだろう。生来のつっけんどんな性格と相まって、彼の我の強さは同僚の中でも抜きん出ていた。同僚を寄せ付けない険悪な雰囲気すらあった。

可愛い奴めと思って、あたいはしょっちゅう絡んでいた。

彼はあたいをマジで嫌っていた。

話しかけてエルボーを喰らうこともあった。

だけどコミュニケーションは取ってくれていたので、なんとなく距離感を縮めてくれそうな雰囲気はあった。

ある日、彼は指名終わりに、お腹が減った様子で佇《たたず》んでいた。

そしてあたいが帰るとなった時、食い盛りにもかかわらず、トマト缶だけを持ってきて、その中身をそのまま塩と胡椒をかけて食べ始めた。

「美味しいの？　それ」

モソモソと食べる無表情の彼の横顔は、満足げとは程遠く、わびしそうに見えた。

「美味しくはないけど、食べもん買う金ないし、料理できないし……店内にはキッチンがないから仕方ないっしょ」

あたいたちが働いていたゲイ風俗はテナントビル型で、本来はいわゆるマッサージ店などが入るような作りになっている。そこにはキッチンなどはなく、水回りは洗面所かランドリールーム、複数備えたシャワー室やトイレしかなかった。時折ボーイたちで鍋パーティーなどもしたが、毎日ガスコンロを使ったり食材を調理できるような雰囲気ではないのだ。控え室ではみな仕事を待って休息していたので、ファストフードやコンビニなどで買い込んだ簡易なもので食事を済ますことが多かった。

「そんなん食べてたら体が保《も》たないわよ」

「でも金ねぇんだもん。早く家借りる金も貯めたいし」

あたいは閃《ひらめ》いた。

「じゃあウチ来たら？　狭いけど、調理器具あるし、新宿からも遠くはないし。こんなとこで過ごしててもしんどいし危ないでしょ」

そう言うと彼はわりと息つく間もなく、

「いいの？」と聞いてきた。

「いいよ。食費は折半で出し合って食べよう。一人分も二人分も作る手間は変わらんし」

ゲイ風俗の寮制度は、家賃や光熱費がかからない代わりに出勤に制限がかかる。というか強制的に週6出勤の、フルタイム（オープンからラストまで）となるので精神的にも辛い。この待遇から見て分かるように長期的にではなく一時的に利用する制度なので、彼にはすぐにでもその状態から抜け出して欲しかった。

「ありがとっす」

彼は存外、素直に礼を言ってあたいの家に転がり込んできた。

結局彼は数ケ月あたいと共に暮らし、合計で2年ほど同じゲイ風俗に在籍しながら仲良くしていた。その後は看護師になった彼と、大学に通いながらゲイ風俗に在籍するあたいとで距離が空いてしまい、一時は以前ほど頻繁に顔を合わせなくはなったが、あたいが新卒で入った会社を退職後、ゲイバーで働くようになってからはまたしょっちゅう顔を合わせるようになった。10年以上経った今も仲良く関係が続いている。

ただ彼を長年見ているので、あたいはネコーハイをいわゆるツンデレで、サバサバした性格だが礼に欠くことはない筋の通った人間だと知っているが、一見彼は少し近寄り難く、勘違いされやすい性格をしている。きっとそれで苦労することや衝突することも多かっただろうが、ゲイ風俗時代はリピーターに恵まれ、太く長い人間関係を持っていた。それも彼が《ツンデレのデレ部分》つまり頭を下げて感謝を伝える素直さがあったからだと思う。

あたいは一度聞いたことがある。

「あんたプライド高くて、人に媚びないけど、ちゃんとお礼言ったり礼儀は正しくて偉いわよね」

すると彼は何を言ってんだと呆れた顔して、

「お礼って別に遜りじゃねぇっすからね。ちゃんとありがとうって言えないやつ、俺嫌いなんすよ。なんもカッコよくねぇ」

「なるほど」

筋が通った彼らしい。

「なんかよくさ、オレ様系とかカリスマ系が人に媚びずに唯我独尊で素敵みたいなこと言われてっけど、全くそう思わないんすよね。感謝のことを《相手に与えるご褒美》だとか思ってんすかね、ああいう尊大な連中は」

「人にしてもらって当たり前って思ってる人からしたら、確かに勘違いしててもおかしくないかもねぇ」

ネコーハイはタバコを吸いながら、深く肩で息をする。

「感謝できない人間は、俺、ひねくれてるんで絶対助けてやらねぇ。注射器でケツに穴を開けてやる」

不良ナースだな〜と思った。

自分を好きになる必要と、その危険性

アイドルタイプの人間になるには一つだけ必須条件がある。

それは《自尊心を持つ》ということだ。

自分のことが嫌いという人には知って欲しいんだけど、自尊心は自分を大きく見せたり、強気で物事に当たる勇気じゃなく等身大の自分を愛するってこと。つまり自分のありのままを認める冷静さと謙遜のことよ。


謙遜は、「まだまだ至らないですが全力を尽くします」という前向きな意志と《冷静な自己評価》つまり《現時点でできる自分の能力を見極める客観性》を持っているということ。

それは相手にとっても信頼に値する自己開示になるの。こいつは自分のこと冷静に見られてるな、って判断できるから。

自尊心を持とうと頑張り過ぎちゃって自信過剰で実力が見合わなくなった人には成長が見込めなくなっちゃう。そしたら誰も期待しなくもなるの。《自分なんてまだまだです》というのは《これからビッグになるぜ》という宣伝でもあるし、自分へのエールでもあるわ。

また適度な謙遜には誠実さや誠意が見えて、向かい合った人にも《自信を与える》。

この人に任せて大丈夫なんだという安心からくる自信と、この人を選んで良かったという自己判断に対する肯定感だ。これは商売だけでなく、様々な人間関係だってそうだ。適度な自信がなければ相手を不安にさせ、不満を覚えさせ、不快に感じさせてしまうのだ。

こんな人に自分を任せて良いのだろうか、と相手に思わせてしまったらすごく勿体ない。相手に《堂々と結果を待つ時間》を与え、一秒でも不安にさせないのが、人間関係をよりよく円滑に運ばせる。

そして例えば、何か物を作って相手に提供した時に、「これは素晴らしい物だ」と相手が称賛したのを聞いて「そんなことありません」と否定すれば、相手のセンスや感動をも否定してしまうので、それも避けた方がいい。自尊心のなさは自分だけでなく相手を傷つけてしまうのよ。

自尊心を適切に扱って胸に秘めることは大事だと説いたけど、これは虚仮威《こけおど》しのものではなく、実力や努力に裏付けられたプライドよ。自分の実力に見合わない自尊心は、キャパオーバーの仕事を引き受けて苦労したり、抱えきれずに凄惨な結果に終わってしまうこともある。そう、身も心もボロボロにしてしまうの。

なんにせよメンタルというのはただ考えるだけでコントロールできたり強くなったりするものではなく、結局努力や実績といった行動の後についてくるものなので、机上だけで自尊心は作ることができないの。考えてから実践、あるいは実践してから考えるの二通りでしか成長はできない。

今までの自分の行動を省みて正しく自尊心を得るか、それか今後の行いで徐々に手に入れてゆくのが適切だろうってこと。自尊心の必要性を説く本やセミナーは多いが、それを受けて終わりではなく、結局行動してゆくしかないんだと、あたいは思う。

そしてこの自尊心は、《自分を好きなこと》と言い換えられることが多いが、これには落とし穴が潜んでいるわ。

一時期ゲイ風俗で、華美な見た目でお客様を摑む大型の新人ボーイがいたが、その子はしょっちゅうトラブルを起こし問題となっていた。

「あの子、お客様に全然敬意とか示さないらしくて、怒らせたり萎縮させたりしてるらしいわ。前なんて『俺みたいなイケメンと喋れるだけでも感謝しろよ、汚いおっさんのくせに』って暴言吐いて、ゲイバーで揉めたらしいの」

先輩ボーイがその子の話をヒソヒソとしてきた。

それで彼は店の掲載プロフィールに《お酒を飲まさないでください》って注意書きを入れられていた。

聞いている限り、かなり尊大で居丈高な人間だったらしい。見た目はほんと綺麗だったので、そこから生まれる自己肯定感の高さが、相手を見下すことに繫がっていたのかもしれない。ちゃんと話せていないので詳しくは分からないが、聞いている限りお客様の容姿を酷く罵《のの》る癖があった。

その子のお客様は、他の人気ボーイに吸収され、彼は指名がなくなったことで店を退店していった。

その時、その子のお客様がこぞって指名したのは当時一位の人気ボーイ、ハルカだった。彼は容姿端麗で、モデルのような華やかさがあった。そして何より柔和で、人に対して敬意を持って接しているのが誰が見ても分かるくらいに人格者だった。

「ハルカさんはほんとずっと人気だし、見た目もいいって言われるのに……その、なんというか調子に乗らないわよね。あたいならめっちゃ乗ると思う」

ある日ハルカと一緒に店内掃除をしていた時、そう伝えたことがある。彼はあたいの言葉を聞いてカラカラと笑った。

「いやめちゃくちゃ乗るよ。嬉しいもん、褒められたり認められると」
「ええ、ハルカさんでもそうなの？　聞き慣れたりはしないもんなんだ」
「うん、しない。そのたびに自己肯定感に繋がるかな。でもあまりに見上げられて、心の距離まで空けられたりすると、ちょっと悲しいけどね。俺、そんな尊敬されるほどの人間じゃないし。フツーだもん」

この謙遜は、嫌味でもなく心からそう思って出たような抜けるような言いぶりだった。

彼は自己肯定感と、謙遜を両立している。だからだろう、彼はずっとお客様にもボーイにも慕われていた。見た目の良さに壁を作られてしまうこともあったが、話せば分かる根明《ねあか》で、人の良い彼を、ことさら嫌う理由なんてなかった。

「前に自分が好きで、自信があって、それでトラブル起こした子がいるじゃない、ハルカさんの自己肯定感と何が違うんだろうって。彼の肯定感も自信だったとは思うんだけど」

あたいの言葉を聞いて彼はうーんと腕を組む。

「あの子、多分《自分が好き》ってので《自己無罪》まで引き出してんじゃないのかなぁ」

「自己無罪？」

「うん。自分は何をしても許されるって思ってること。ダメなタイプの自己肯定感だよね」

確かに自己愛が行き過ぎれば、とことん自分を甘やかしてしまうことになりかねない。責任を転嫁し、自分を守るために他人を傷つける自己肯定感を持ったり、自分の欠点を認めずにいる視野の狭さが引き出される。

「俺も褒められるの好きだし自信つくけど……それとは別で、自分のダメなところははっきり分かってるし、人から指摘されたら素直に認めるかな」

「自分のダメなところを認めるって結構苦しい作業だから、避けちゃうことって、あたいにもあるかも」

そしてハルカは続ける。

「でもやっぱり、自分にも欠点があって、失敗もする人間だって気づいてるからこそ、いつも頑張れるんだよね。それにダメなところがあっても、別に自分の価値まで下がるわけじゃないからね。これでもいいって思ってる。ダメなところをそのままでも良いって思ってるわけじゃなくて、自分にもあることを認めてるのが大事なんだと思うよ。人間って完璧じゃないし」

「だからこそ、あたいはハルカさんを尊敬してるんだと思うわ。……あたいも見習わなきゃ……自分のこと世界一美しいゲイだって思ってたけど、もしかしたら北半球で一番程度かもしれない……」

「何それ」

彼は唖然《あぜん》としていた。あたいの自尊心と自惚《うぬぼ》れに。

とにかく、自己肯定感も行き過ぎれば危険だし、なければそれまた別の弊害を生む。

自己肯定感はコントロールが必要だ。有無だけじゃない、程度も考慮しなければならない。

自分のすべての行為を肯定するのではなく、範囲として例えば自分の長所を認めることや他人からの高評価や好意を受け取ることに限り、冷静に欠点を認めることに努めないと成長を阻害する。

あたいはハルカの自分を冷静に承認する様を、それまた彼の魅力だと感じ、ずる賢く思った。

自惚れないこともまた一つの美しさなんだなって。北半球一美しいあたいは学んだ。

プロだからこそ、説明ではなく対話を

どんな分野にもプロフェッショナルは存在しているわ。

門外漢の（つまり素人の）人々が簡単にできないことを、プロは培った知識や経験を用いて遂行する。その対価として人々は金銭を支払う。

その金額にはプロが専門的な技術を習得するまでの過程を評価する金銭も含んでいることが多いわ。プロであればあるほど料金が高くなる。美容師でも見習いさんと比べてアートディレクターとか店長の指名料金って高いでしょ。

だからプロへの報酬は、良いサービスへの対価だから惜しんではならないし、報酬には報いるという漢字が入ってるのもそれが理由よ。多分。

そして、自分と違った専門性を高めた人たちがいるからこそ社会は回ってゆくもの。

買い物に行けば、そこまで向かう道を作る建設業の方々がいて、交通インフラを維持する運転手さんがいて、食材を販売する小売業と経営者、流通業者、運送業者、そして生産者がいる。すべてが自分とは違う仕事に専門的に就労する人たちで、そのような働き分けがあるから自分もまた違った専門職に就くことができるの。

しかしプロは、専門外の人間に対して《自分の専門分野であっても対等でいた方がいい》と、あたいは考えているわ。もちろんこれは専門家の方々に対して「偉そうにしちゃダメ」だとか言うわけじゃないの。実際その方々は《偉い》とあたいは思うし、敬意を払っているから。

ただ、専門性を高めたとしても、専門家的な目線だけでなく、門外漢の視点と考えも、どこかで持っていた方がいいと感じたの。

つまり、プロと素人は非対称だけど、対等でいた方がいい——そうひしひしと感じるようになったのは、ある一件のやりとりを聞いてからだわ。

ゲイ風俗の夕方過ぎのこと。

とあるボーイが、60分指名を店内個室でこなしていたが、40分ほどしたら控え室に戻ってきて言った。

「お客さん、怒って帰っちゃいました」

すると店長は「どうしてだ？　なんかしたのか？」と、淡々と聞き返した。

「いやなんか、モメちゃって。60分コースって、時間配分が難しいじゃないですか。だからちゃんとお客さんに満足してもらえるように、時計で時間を確認しながら接客してたら『そんなに時間が早く過ぎて欲しいのか』『やる気ないなら帰る』つって、服着て、出ていきました」

確かに60分コースは、濃厚なすけべをするには時間が短く、また少しでも一連の流れが手間どれば、どこかでサービスを端折《はしょ》る必要が出てくる。トークは必須だし、プレイ前のシャワー、前戯にある程度の愛撫、そして射精などのピークを済まして最後にシャワーとお見送りトークと、なかなか忙しいのだ。一つでも欠かせないし、プレイが中途半端に終われば相手を不満足なまま帰してしまうことになる。

なので中途半端にならぬように時間配分に気を配りながら仕事に臨んだ彼は、プロフェッショナルだった。お客様を思い、自分の仕事を遂行させようと思ったがゆえの配慮であった。

が、しかし。

それを知らないお客様にとっては、常に時間を意識されているのは怠惰に見え、上の空のまま仕事に臨む、だらけた従業員に思えたのだ。

《終わりの時間を意識する》という行為が、プロにとってはお客様のための時間配分で、お客様には自分のための手抜きで軽く見られたように感じられるのだ。立場と視点の違いが、同一の行為にこうも違う解釈を与えたのだ。

「ちゃんと言ったか？　時間配分を考えてたって」と店長は彼に問う。

「言いましたよ。これは仕事に必要なことだからって。でも納得せずに帰っちゃったんで、仕方ないでしょ」

するとと店長は呆れたように目を伏せてから、諭すように言った。

「プロなら説明じゃなくて対話をしろ。仕事をちゃんとするためだとか、そんなこと、客からしたら言い訳に聞こえるし、尚更弁解ができなくなる。時間配分なんて、プロなら当たり前にできるとみんな思ってんだよ。お前は働いてるからこそ60分の難しさを知ってるけれど、エスコートされる方は分からないんだぞ、そんなこと。それよりもどうして自分が時間を気にしたか、それがどういう意図があって誰のなんのためなのか教えてやればいいんだよ」

「……『最後まで気持ち良くなって欲しいから』『相手にちゃんとイってもらいたいから』とかそういうことを言っとけばよかったかもね」とあたいはフォローしておいた。彼は頭をかいて「そうですね。次はちゃんと話します」と言っていた。

これは医療現場などでもよくあることらしく、医師としては《病状にとっての最善策》を思って最適解を考えるが、患者は《患者にとっての最善策》を求めている。つまりよく分からないことに対する恐怖をやわらげたいという感情が優先されるのだ。だから医師（プロ側）からすれば不可解な非合理的選択を相手（患者であり門外漢）が取ってしまうことがよくある。

患者にとって、医師はこちらの考えや恐怖を汲んでくれない冷たい人間に見えてしまう。自分はこんなにも不安なのに、全然寄り添ってくれないって感じてしまう。そういう非対称が存在している。

医師にだって治療を受けたり、通院したりする機会があるとは思うけど、その時はきっと専門的な知識を持ってその施術を評価することができる。というよりできてしまうので、無批判にも無評価にもいられない。プロには不可逆的な視点がついてまわり、一度プロとしての提供側に回ってしまうと、その視点をなくすことは難しい。

人は無知には戻れない生き物。必ず一度身についた知識が、冷静な批判や評価を後押ししてしまう。

だからこそ、無知だった頃の感じ方、捉え方、疑問や衝突を忘れないようにした方がいいのだろう。それは他の分野のプロフェッショナルへの敬意にも、またいろんな他人への配慮にも繋がる。

なぜなら、誰にだって無知な部分があって、なにも知らない時期があったこと、そして今の自分だって、どこかの分野においては無知蒙昧《もうまい》な素人になることがあるのを忘れずにいることは、ただのプロじゃなくて一流のプロの必須条件だからだ。

それを自覚しているだけで、どこかの誰かを虚仮にはできない。

そしてなにより、他人の気持ちに思いを巡らせることができる。

店長は説明ではなく対話をしろと言っていたが、なるほどこれは言い得て妙で、これ以上の言葉はないと思った。

説明は理屈や詳細が分かれば誰にだってできる。教科書を読むだけのようなもの。プロならそれが空でできる（なにも見ないでできる）あるいは人より上手にできるというだけだ。

しかし人と対面して教科書の内容を丸々話すだけでは意味はない。学校でもなぜ先生と向かい合って、たくさんの人と机を並べて授業を受けるかというと、対話するためだ。分からないことを質問して、なぜそうなるかを話し合う。自分はどう考えているかを表明し、また意思表示することによってお互いに理解を深め合う。どちらかだけを一方的に理解するのではなく、相互的に「なぜこうなるのか」が通じ合った方が、きっと本当の仕事というものが気持ち良くできるんだろう。

賢いだけの先生よりも、賢くて信頼できる先生のもとで学ぶ方が、ずっと成長できる。

ただプロになるだけでなく、いいプロであるためには、時にずる賢く相手の立場にまで、考えて寄り添ってゆくことが必要なんだとあたいは学んだ。

なのであたいは、時に一緒に分からない立場に立って寄り添うことも考慮に入れて行動するようにした。大学生時代に塾で少しの間だけアルバイトしていた時も、ただ教えるのではなく、

「一緒に考えよう」「僕にどうやって考えたか教えてくれる?」

と、同じ視点から考えてゆく方針を採った。

そしたら裏で「あの大学生、クソバカ。俺らと同じとこ分かんないって言ってる」って言われてて泣いた。

あえて頼る。負担はお裾分けするもの

他人を頼れなくてしんどい、という人たちをたくさん見てきた。

家事や仕事、人間関係などにおいても人に頼ることができず全部自分で抱えてしまい、心身ともに疲弊し、キャパシティーオーバーで身も心も壊れてしまった人もいる。

これには様々な背景があって、例えば子どもの頃から親御さんとの会話が少なく頼れなかったとか、周りから失敗を強く咎められてきたとか、人から期待をされてきたがゆえ良いところを見せなきゃならないと自分を追い詰めたとか、そういう積み重ねが人に頼るという行為をできないようにしてゆくのだろう。

こういう事情もあるから、あたいは人に「もっと気楽にやりなよ」とか「人を頼って楽にやりな」とは簡単に言えない。

そんな人たちにとっては、自分一人で抱える方が何倍も気が楽で、一人で失敗した方が救われるとすら感じられるようになっているのだからさ。

だけどあたいはやはりそれでも、ずる賢く生きてほしいと思う。人を頼るというずる賢さを、ためらわずに持ってほしいと常々考えてきた。

というのも人を頼れない人は、何かを人に依頼することをすべて迷惑をかけるんだと思っている。そんな心持ちだと自分をとことん追い詰めてしまい、人と関わることに対して「どれだけ迷惑をかけずに済むかが大切だ」と考えるようになってしまうから。

ずっと減点方式でしか人間関係を構築できないなんて、辛すぎると思う。

確かになんでもかんでも他人に負担を強いて、全部人任せにする人はいる。これは「迷惑はお互い様」という精神からは程遠く、自分だけは他人を使っても許されると思い込んでる人間がやることだから。それは頼るじゃなく利用するという利己的な行為だ。

でも本当に頼るというのは人を信頼し、また自分を信頼してもらい、相互的に協力し合うための行動。自分がどう思われるかという視点から吹っ切れちゃって、目的や目標のために今自分がどうすればいいかということを理解する、ある意味冷静な状態だと思う。

だから上手くやる人は、自分のためだけでなく目標のために人を頼るのだけれど、あたいが考えるに、ずる賢い人はさらにもう一段階進んで《頼られた人のため》にも、他人を頼るという選択を取るのだ。

これはあたいが24歳になり、ゲイ風俗と大学を卒業したあと就職し、さらにその入社した会社を辞めた後、ゲイバーで働き始めて初めて知った方法である。

あたいが働いていたゲイバーのママ（店長）は、他の従業員より年齢が高く、みんなが20代前半や30歳前後の中、一人だけ30代半ばの目尻にシワが入った男性だった。

とにかく器量が良く、若い子からは兄のように慕われ、年上の男性からも頼られて甘えられるような気概のある人だった。それも彼の人格と性格の織りなす雰囲気が、お酒を出す空間と相まって、日々に疲れた人々にとってのオアシスのように感じられたからだろう。

イチガヤママ
30代 若専ゲイバーのママ
若い子が集まるゲイバーで
お兄さん的ポジションに
落ちついている。
ビジネスオネェなので
実際はただのゲイ。

店は若いゲイが中心の若専バー（若い男の子好きが集まるゲイバーのこと）で、またゲイバーに理解のある女性やノンケも訪れる賑やかな場所であった。いわゆる完全ゲイオンリーの、ゲイのための出会いの場所というより、誰でも楽しめる憩いの空間だった。

なにより多くの人がママを目的にして来ているような、そんな節があっただろう。だからママは店の看板として週5回以上はオーラスで（開店から閉店まで）店に立っていた。

ママの名前はイチガヤ。

イチガヤママはどれだけ酔っても仕事を

こなし、また義理人情に厚く、人付き合いも他のゲイバーとの店付き合いも大切にする人だった。そこまで自分からペラペラと軽妙洒脱なトークをする方ではなく、いわゆる話を聞いてお客様をもてなすタイプの、ホステスのママのような接客術に長けていた。

しかし真面目で堅いというわけではない。どちらかというと、仕事以外は自堕落で、休みの日はパチンコに行って昼間から立ち飲み屋に行っていたような人だった。時折トークをしていても自分のダメ人間なところを垣間見せるような、そういう隙や雑味も見せる人だった。それが年齢差やママという立場を気にさせない親近感を与えてくれていたんだと思う。

なにより彼はよく「ああ、もうダメ、仕事なんてやってらんない」と言って、お客様の前でタバコを吸っていた。

勤務中にお客様の前で喫煙するのだ。ゲイバーという特殊な水商売なら時折見かける光景だが、これを禁じている店もある。推奨されている行為ではない。ママや店の方針と、お客様との信頼や暗黙の了解があるからできることだ。

それでもあたいは最初、彼も気が抜ける時があるんだなと思っていたが、しかし長いことイチガヤママと共に働いていると、けしてそうではないんだなと感じるようになった。彼はお客様の厚意に甘えて喫煙しているわけではなく、それすらもコミュニケーションの一環として使っていたのだ。

つまりそれは「あなたのおかげで自分まで楽しくお話しさせてもらっている」というアピールだったのだ。


「ねぇ、あたしも吸っていい？」とイチガヤママは断りを入れる。

お客様が笑顔で「どうぞ〜」と言うと、ママは美味しそうにタバコを吸う。

「はぁ、生き返った。もうね、あんたらと話してると、家にいる時みたいに気が抜けちゃうのよ、ほんと実家気分よあんたら。親戚みたい」

そうふざけてみせる。しかしその間もお客様の灰皿にタバコが溜まれば交換し、トークも適宜振ってはいるので《完全にだらけているわけではない》。

ただ、仕事モードの中でも比較的リラックスした様子で、それだけ油断も安心もできるお客様として相手を尊重している態度を見せたのだ。これは彼を好いていたお客様にとっては《信頼された》という喜びに通じ、また自分は他のお客様と違う関係になれていたんだという自己肯定感に繋がる。

信頼、という漢字にも《頼る》という文字がある。相手に対して弱みを見せて負担をかけるものではなく、相手にとっても喜びや嬉しさに変わると言うのなら、これはいい頼り方だと思う。相手にプロの息抜きや人間性を見せることは、自分が普段からキチンと仕事をこなしているほどサプライズ的にも見える。イチガヤママは意図的に自分らしさを見せていただろうとあたいは感じた（彼はそれをお客さんがいい人たちだから楽にさせてもらってるだけ、と否定していた）。

また、お酒を作り提供するプロにも関わらず、彼はしょっちゅうお酒をお客様に作らせていた。

「お酒、もらっていい？」

イチガヤママがお客様の瓶ビールを指差し、確認する。お客様とお酒を飲むために、相手のボトルや瓶ビール、あるいは注文をいただくのだ。

「もちろん、ママも酔い潰れましょ〜」とお客様が冗談交じりにいい、それを彼は「受けて立つわよ」と失笑して返す。するとそれから自分のハッタン（8オンスタンブラー。お客様が使うのはさらに大きい10オンスタンブラー）を取り出し、お客様に向けて差し出す。

「ちょっと。あんたが注いだビールが飲みたいわ」

そうイチガヤママが言うと、お客様は「仕事しなさいよ〜」と仕方なしに笑って注ぎ入れ、それから乾杯し合う。

「っっあ〜、やっぱビールうまいわ！」

口周りに泡をつけたママがそう言って、お客様との会話に花を咲かせ始めた。

もちろん自分から店の人間にお酒を注いでくれるお客様も多いし、見慣れた人にとっては何気ないワンシーンだと思う。だからこそ思う。お酒を酌み交わし、与えてもらうという行為がいかに大事なのか。そしてその文化がなぜいいものとして継がれてきたか。

もとを正せばこれは盃《さかずき》という昔から続く、人々の交わし方なのだ。

今回のようにあえて自分の仕事を相手に振ることによって、相手を頼って距離を縮めたり、あるいは距離の遠いお客様には密接するような身内感を醸し出して、信頼関係を作りたいという意思表示をとるのは、対人関係に色をつけるようなものだと思う。

また自分の仕事と畑違いの相手（この場合お客様）にもプロの仕事を体感、あるいは簡易的に肩代わりしてもらうことによって、さらに自分たちが対等であることを確認させるのだ。

お客様にとっては《自分がお金を払っているから相手が喜んでいるんだ、というどこか後ろ暗い感覚》から、そうではなく人として向かい合っているのだという認識を取り戻すことができるのだから。金銭的な対価はサービスにおいてのみで、向かい合う人間は対等なんだというのは商売に温かさと安心を与える。

この場合の負担は、相手にとって重荷ということではなく、お裾分けと言ってもいいわ。自分たちが互いに分け与える存在であることを確認するためのもの。

イチガヤママはよくお客様からご飯やバーベキューに花見などの催しにも誘われ、また相談事もよく受けていた。これも彼が頼ってくれるから、自分たちから声がかけやすくなったということなのだろう。

そういった優しい計らいがあることを、あたいは知った。

column 06

イチガヤママと、任される感覚

ママは店子のことをよく見ていた（店子とはゲイバーで働く従業員のことである）。

一番歴の長い男の子には何も指示することなく自由にやらせ、責任感が強い子にはチーママという役職を与えた。自由でおバカな子には若くてはしゃぎ盛りのお客様をあてがい、その快活さを発揮させた。天然でボーッとしている子には大人なお客様としっぽり飲む場を作っていたし、女性が苦手なゲイの店子には少々はしゃぎすぎる女性客を当てないように場を回していた。

そして変なお客様が来たら、あたいに対応するように押し付けていた。

「変な奴には、うちの店で一番変な奴であるもちぎを当てればいいのよ」

とママは言っていた。

しばくぞ、と思った。


まぁ冗談は置いといて、営業中に訪れた下ネタトークが好きなお客様には、同じ下ネタトークを好むあたいをあてがってくれたのだ。本当に店に支障が出る人はママが毅然とした態度で矢面に立ってお断りしていたし、ママは店子たちが充分に自分の良さを引き出せる環境で、あたいらを働かせてくれていたのだ。

「あんたら今日も稼ぎなさいよ〜、あたしのために」

と、営業前は憎まれ口で発破をかける彼だったが、自分本位では決してなかった。みんなの顔をよく見てくれていたのは間違いなかっただろう。だからみんな嫌な思いをせずに働くことができていた。

自分の仕事を部下に振り分ける、というのは指示でもあり、依頼でもある。相手を従属させているわけではないので、何でもかんでもやらせているのは上司ではなく暴君だろう。なので彼は人の性格や気質を理解し、的確に相手にお願いしているように思えた。

人に頼るというのは、頼らないように済ますよりずっと他人を観察して思慮深くならなくてはいけない。そうしなければ他人は《自分の苦手なことばかり依頼される》と感じてしまい、そうなってしまえばそれを《任される》ではなく《押し付けられる》と不満に思うようになるからだ。

依頼される側が気持ちよくなる方法で人を頼る。これができたら何事も上手く回せるだろうし、信頼関係もより強固にしてゆけると思う。ただ本当に《誰にとっても負担になるような重荷》を誰かに分け与える必要も、人生には現れると思う。

そういった時に問われるのは、今までの信頼関係だろう。

だからあたいは今後、イチガヤママが何かに困っていた時は、元店子として彼の助けに名乗り出ようと感じている。

余談だが、あたいの周りにいた店子たちはみな、とにかく笑っていた。ヘラヘラしているわけでなく、笑顔で《相手の為になりたいという敬意と愛》を表明していた。だけど時には怒ることや表情を深刻に硬くすることも確かにあった。しかしその後、笑顔に戻るという保証と信頼が彼らにはあった。

笑顔ですら相手にどう受け取られるかは分からない。バカにされているだとか真剣でないだとか真逆の意味で受け取られてしまうことも、あるいは自分に特別な好意があるんだと過ぎた解釈で受け止められてしまうこともあるだろう。

しかし多くの場合、常に笑顔で、一定の機嫌である人は、この移り変わりが激しい世界で一筋の光となりやすい。変わらないものを持ち続けている人は、誰かにとって拠り所にも、先を照らす希望にもなる。

だから人と関わり、人の目の前に立って何かをする人は、評価をされる身としてある種の誤解や衝突を割り切ると同時に、不変で譲れないものを持ち、相手に見せることが大事なのかもしれない。

だからあたいは今日も笑顔を相手に見せて生きている。

どんな時でもニカニカと笑うのだ。

ゲイバーのママ　イチガヤ
アイドルタイプの人間を見ていると
とにかく目敏く
いろんなことを見抜いて把握していると感じる
しかし
常に気を張っているというわけではなく
あれ？今日何杯飲んだかしら
ボケてる
どちらかと言えばお気楽な感じもする
あなたのことよく見てますよってアピールし過ぎると
監視されるようで落ち着かない
できる人だというアピールや圧がすごくて苦手だ
一緒にいると疲れる
と思われやすく警戒されやすいからだろう
圧
仕事
がんばり
気づかい
思いやり

安心と油断は表裏一体
安心
油断
油断
あまりに抜けているとナメられるけど
少しくらいおふざけした方が
気楽に人と向き合えるのかな
ガラララッ
あっ やだわ〜
また氷作るの忘れてたわ
ちょっともちぎ コンビニで5キロ買ってきて
ふざけるな…

第4章

自由を得るための ずる賢さ

肝心なのはずる賢くあり続けること

あたいがずる賢く強かにやっている人間に気づいたのは20歳の頃で、その時参考にしていたのはゲイ風俗のランキング二位の人だった。

そして当時のあたいは、なんとランキング一位だった。


ゲイ風俗のほとんどは若専系（わかせん。若い子好きの人のこと）と言われるお店で、お客様には《できるだけ若い子がいい》という客層が多く訪れる。

あたいは入店当時、嘘偽りのない18歳。プロフィールにも18歳で高校卒業したてだと書いていた。周りのボーイたちは年齢詐称して22歳の子が20歳と表記したり、27歳の人が24歳だと言い張っている――そんな世界で、未成年であることは偽りも誤魔化しも効かず、またそれだけで大きな武器となった。

だけどその時あたいを指名していたお客様は翌年にはほとんど来なくなった。当たり前だ。彼らはあたいではなく、18歳19歳の《風俗で買える中で一番若い男の子》が好きだったのだ。高校卒業したてブランドを脱ぎ去ったあたいには他の武器が必要だったので、19歳20歳の頃はいろんな戦い方を模索して生きていた。

そんな時忘れないようにしていたのが、20歳の8月、あたいが一位になれた時に、二位になっていた男の子のことだった。

彼は4年近くゲイ風俗に在籍していて、出勤もまばらだった。1ケ月だけ働いて、3ケ月ほど一切出勤せずに休む、といった自由な働き方をしていた（書いてて思ったけど船乗りみたいやな）。

それでも戻ってくれれば彼の常連さんがこぞって指名して、彼を受け入れた。あたいが21歳になる頃にはいつの間にか退店していたけれど、彼を見ていてあたいは気づいた。売れることに関しての一つの事実に。

売れるのは簡単だ。誰でもできることではないのは確かだけど、あたいみたいに自分の力で手に入れたわけじゃないたまたま持っていたギフト（年齢など）や、運や時流によって勝ち進むことだってある。好景気の時代に生まれていたら得をしたのと同じだ。それは確実にある。

ただ売れ続けるのは簡単じゃない。彼のように入店から4年の月日が経ち、不定期出勤で継続してお客様に恵まれるのは、運やたまたまで片付けていいことではなく、確実に自身の戦略や手法で選び取った勝ち方だ。

その時、彼を見ていて感じていたのは《ずいぶん自分らしく働いてるけれど、付いて来てくれる人が多いってことは決して自分勝手ではないんだろうな》程度。唯一確かなのは、お客様を見ていれば分かるが、ロング（泊まり指名）や貸切コース（24時間指名）などで彼を指名するものだから、長い時間一緒にいても苦にならず、またそれだけの金額をかけてもいいレベルの子だったということだ。

彼とはちゃんとした対話もできなかったので、あたいにはどうやって彼がお客様を摑んでいたのかまでは分からないが。

ただ、彼を見ていて理想的だと思った。

風俗では店内に待機して指名を待つ時間があるが、その時間帯はお給料が発生するわけではない。指名がない時間帯は暇つぶしをしなければならないし、なんなら店内清掃やお客様対応などで働かなければならないこともある。そして指名がなく勤務時間を終えれば、その日は無給で帰らなければならなくなる（正確にはゲイ風俗には待機保証がある店が多く、何時間かいればお給料をもらえることがあるが、それも千円〜2千円ほど。交通費にしかならなく、その日の機会損失は大きい）。

また様々なお客様に触れ合うことはリスクになる。性病や身元バレ、あるいは悪質なお客様に関わり合う機会や確率も多くなるので、理想論で言えば特定のお客様と長い付き合いをする方が安心安全なのだ。それにコアマーケティングといって、どの分野のビジネスでも太く長いファンが業界を買い支えているという事実がある（前述したパレートの法則。売上上位2割の層がほとんどの利益や売上を生み出していること）。

人付き合いも広く出会いを求める人脈主義もいいけれど、さらにその先に踏み込んだ《限られた人との深い縁》が身を救うことをあたいは知っている。出会いは確かに肝要なことだけれど、一期一会を大事にしたその先が、もっと大切なんだと自信を持って言えるわ。

彼は、他のボーイがあくせく出勤して、いろんな人間と悪戦苦闘して、不安定な給料に怯えている中、悠々自適な様子で出勤し、そして結果を伴わせていたので本当に楽しそうだった。

もちろんその状況を作り出すまでに、たくさん苦労したんだろうけれど。

彼からは、一時的に売れただけのあたいより、年齢も歴も長いのに売れ続けている人間の格を教えてもらった。そして一度売れた後に、売れ続けるためのずる賢さ、つまりずる賢くあり続ける必要性を見せつけてくれた。

これによりあたいには、彼のように、自分の好きな空間や環境を自分で作る《自由人になるためのずる賢さ》が、これまた重要だと分かったのだ。

column 07

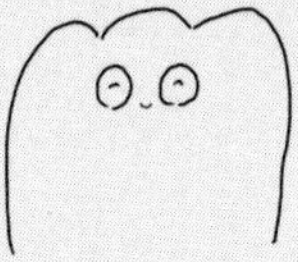

自由人の出勤

自由出勤、個人裁量。

ある程度の業界の不文律やルール、マナーやしきたりはあるけれど、ゲイ風俗は個人営業やフリーランスと同等のやりやすさがあった。

しかし《個人でやる》とは責任や将来もすべて《個人で担う》ということだ。これには様々な考えることがあるし、頭を空っぽにしてただ目先の利益を享受するだけじゃ務まらない。

常に自由とは程遠い《堅実と計画》を持ち続けることが必要となる。

先ほど取り上げた自由人の彼（ここからは仮名でジンとする）は、時折出勤すると告知すれば一気に指名予約が入るので、熱狂的なお客様は1ケ月先の予約も、あるいは半年ぐらい先までの予約を入れることもあった（ただしそれは仮予約といって要望的なもの。ジンが出勤して対応するかどうか決められる）。

商売としてはお客様から絶えず需要が途切れないことは有り難いことで、その状態を羨ましく思うボーイも多かったが、ジンは1日3件以上の指名は受けず、それ以上は先約があると断るようにしていた。

それを「ジンさん、勿体ない。せっかくの指名を断るなんて贅沢〜。だって1万円を手に入れる機会を捨ててるんですよ？」と必死に訴える後輩もいたが、ジンは、

「えー、だって3件以上受けたらしんどいも〜ん」

とのらりくらり言っていたそうだ。

これも体力や、他の人との指名時間に鑑みて取った選択だろう。満身創痍《そうい》の体で、切羽詰まった時間を過ごしても相手に満足をしてもらえない。なので限定的な商法展開を取って、自分の営業の価値を高めることに専念していたのだ。

ビジネスにおいてもプレミア商法（量数を限定し価値を落とさない方法）があるし、人間

においても常に相手に関わることが適切だとは言えないことがある。ビジネスライクな関係などもそうだろう。仕事に支障が出るなら、わざわざプライベートまで詮索し交流する必要はない。

《積極性こそ何より良い》という巷《ちまた》に溢れる神話に、そうではなくこういう距離感でもできるぞ、と正面切ってやってるのが、ジンのような自由人だと思う。人と関わることにだって適度と適当があることを、彼のような人間が証明している。

また、これは別の人から聞いたことだが、ジンは当時から芸術関連の裏方の仕事をしていたらしく、その仕事も自身の裁量でできることが多かったので、オフの期間を作り（あるいはオフができてしまうなら時期を調節して）ゲイ風俗の出勤に充てていたらしい。

つまりある程度、ゲイ風俗よりは安定した収入があり、そこは少し会社や時流など自分の力だけで調整の利かないもの（この場合はオフシーズンの期間）があったので、そこにゲイ風俗を副業的に当てがって金銭面などを補充していたのだ。

やりたいことと、現実問題のバランス、そしてそれを叶えるための堅実な営業、自由をやり続けるためには覚悟と戦略が必要なんだと、彼を見ていれば一目瞭然だった。彼のような人物を、自分の働いていた店で見られたあたいは運がいい。

学生作家として自由に生きるあたいは、彼のように現実と理想のすり合わせをしながら頑張っている。勉強と執筆、学生期間にしかできないことと、これからやらなければならないことへの対策。考えることはたくさんあるが、自分の自由を得るために頭を働かせることは楽しい。

しかし最近はただお酒を飲んでダラダラと猫と遊んでることが多い。

自由すぎるのも危険だ。

兎にも角にもチャレンジ

売れ続ける、は段階として二段階目。まずは兎《と》にも角にも売れる必要があった。年齢のアドバンテージでは一時的なカンフル剤にしかならず、また勤務歴が長いとフレッシュさや、新規顧客が少なくなるので、あたいにはもう一度指名をたくさん獲得するために何かをする必要があった。

例えば、技術面で言えばマッサージや特殊なプレイなどのテクニックを習得し、他のボーイとの差別化を図ること、つまりゲイ風俗という同一料金の舞台の中での《自分の商品価値を上げること》に奮励努力した。そして並行して見た目の改良。筋トレなどで体を絞って魅力を上げげて、髪のセットなどの技術も磨いた。東京に出たてのあたいはまぁまぁダサかったので伸び代があったのだ。

しかしチャレンジして変化することを選ぶと、失うものもあった。

「もちぎくん。前は田舎っぽくて純粋だったのに、なんか都会に染まっちゃったねぇ」

とお客様から残念そうに言われたことがある。20歳当時でもありがたいことに努力が報われたのか、運が良かったのか、そこそこリピーター様がついてきてくれていたが、中には木《ぼく》訥《とつ》で芋っぽいあたいが好きだったと、変化に対して不満足を示す方もいたのだ。

つまり変化は常に前進ではなく劣化にも繋がりうること、そして変化に対して良くは思わない人もいるということだった。

仮にあたいが丸坊主にしたとしよう。

可愛い系で売っていた人間が、ワイルドな坊主姿に髭でも生やせば、以前のお客様はこなくなるだろうし、そもそもワイルド系に適していない顔なので、その分野ではめっきり売れなくなるだろう。

シンプルなデザインブランド（例えば無印良品）などでいきなり《スワロフスキーとエメラルドをあしらったドレスを販売》とか《油ましましラーメンを無印カフェにて提供開始》としても、以前から利用するユーザー層には響かないし、その手の道で専門的に特化している店には遠く及ばないクオリティしか提供できないだろう。つまりあまりに極端に変化しても、もとの良さがなくなって自暴自棄にしか見えないということだ。

ましてや人間は生まれ変わることができない。現実問題、自分を明日にはリセットするだなんて簡単にできなくて、だから個性が長所にも短所にも、そして捨てることができない呪いにもなりうるのだ。

ここでやるのは《努力の方向性》と《努力の過程と結果》を分析しながらチャレンジする、ということだ。

物事には必ずいい面と悪い面があるし、そのいい面が自分にとってよく作用するとは限らないことを理解してから挑むのだ。

あたいは当時、一部の周りの男の子たちが、髪をワックスではなくアイロンだけで済ましているのを見て、なぜかと考えた。ゲイ風俗ではベッドに何度も頭を預ける。ワックスだと型が崩れたり、枕が整髪料で汚れたり、頭皮や顔の皮膚に負担がかかるからワックスを使用しないのだと推測し、自分もその通りにワックスを使わずにアイロンでセットするようにした。

最初は不格好な頭にしかならず、さらに激しいプレイで乱れれば、まるで寝癖頭になることもあったが、それは方法ではなく自分の技術の問題だと考え、踏ん張った。

結果としてそこから4年間、あたいはワックスを使わずにアイロンだけ出勤できるほどキマったセットができるようになった。化粧も然りで、だんだんとナチュラルに自分を活かす技術を身につけていった。


しかし色んな身だしなみの技術を学んでいったが、カラーコンタクトだけはしなかった。白目が小さく黒目がちなので、それをすれば自分のつぶらな目の良さがなくなると踏んだからだ。周りの男の子たちは華やかなものやナチュラルなものまで、それを目に入れることによって魅力を増していたが、あたいはしなかった。

最初はなんだか努力不足で、その選択をしていない自分がダメな気がしたが堪えた。

何でもかんでもやればいいというわけではない。その努力が自分に適しているか、努力の量が不足しているのか、どう努力すればいいのか、それははっきり区別しなければならない。人の体力や気力は、時間と同じで限られている。自分が努力すべきことを努力し、それで適していないと思えば《自分には合っていなかった》と学びとして割り切って次に進む。

努力と気持ちは一旦乖離《かいり》させるべきで、《しなければならないと思った》《しないと不安》《これはしなくてもいいように思う》と自分の気持ちを優先させるより、まるで自分という人間をマネージメントする監督やマネージャーのように《これはすべき》《これはすべきじゃない》で自分の体を動かし、冷静にチャレンジしてゆく方が、不器用なあたいにはいいと感じた。

そのためには自分の問診票を、心の中でも作っていく方が捗《はかど》るだろう。その際は他人にはできて自分にはできないことも、苦しいけれどもれなく描き出す必要があるのだけれど。

とにかく、これにはまずチャレンジが必要である。矛盾するようだがまず挑戦しなければ自己分析もできない。

ただ、《自分がしなくてもいいこと》を見分けるためのチャレンジなのだ。いろんな分野やジャンルの挑戦を繰り返し、根本的に自分に適合しないこと、部分的に自分に合わないことを見分け、傾向を学び、目を鍛えていく。これが後々に自分を楽にさせてくれるんだと思う。なぜなら努力の取捨選択ができるほど、自由度はむしろ増すから。何でもかんでもやる必要がないと判断できるのは、何でもかんでもできる人間の特権ではなく、自分のやるべき努力と気持ちは分けてみる。

・気持ちから来る「やらなきゃ」という
努力より
成功に必要な努力「すべき」を
見つける。

ことが分かっている人のものでもある。

あたいは純朴で田舎っぽい見た目から変わることを選び、見た目をいわゆる今風に変えることを選んだが、自分磨きのためにすべての変化を取り入れたわけではない。自分の良さを殺さないまま、変化することにした。長所を見出し、それを伸ばし、新しい自分に取り入れることを努力として行った。

自分を変えたいと思った時、《考えながら努力する必要がある》。努力すれば変わるんじゃない。変わるために努力するのだから。

長く自分を磨きたいと思った時、そうやって考えた方が、気も楽になるんだと思う。

ここで余談だけど、盛大に失敗することもあっていい。あたいだって数々の失敗をしてきたけれど今や笑い話よ。

例えば化粧では眉毛をほぼ刈り取って、ごつめのペンで書き直すことによって目力を演出。これによってモテると思っていた。

だけど周りからは石原良純って言われてた。

変わったが変わらない

あたいはゲイ風俗に入店し、1年が経った頃、大学に入学した。頼る身も寄るべもない孤独な環境だったわ。実家や経済力のある親族という後ろ盾もない。奨学金も借りてはいたが、生活費がなくなればせっかく入学した大学を辞めなければならないほど、若者一人で東京に生きるとは切羽詰まった環境だった。

それでも、勤務時間の融通性や、給与の高さから、安定した収入とは程遠い完全実力社会のゲイ風俗に在籍していたのは、在学中にあわよくば奨学金を返せるだけの貯金を作りたいという目論見があったから。つまり奨学金を、ゲイ風俗で学費を稼げなくて生活費でいっぱいいっぱいになった時の保険のような目的で借りていたのだ。

昔から母子家庭で貧乏育ちだったので、借金をするということがなんとなく嫌だった。人の負担になることが精神的な重荷になっていたし、何より就職難や不景気をずっと目の当たりにしていたから、借金が返済できない時のことを考えると怖かった。とにかく身軽になりたかった。

そのためになんとか、在学中の4年間は売れ続けたい、と必死に考えていた。

そんな思いで常連さんに恵まれているボーイを観察したり、あるいは誰かを贔屓にしているお客様があたいを指名した際に話したりして感じたことがある。

《変わったが変わらない》から、長い付き合いができているということだった。

一見矛盾している、変わったが変わらないという言葉。

それとはなんだろうと思った。歳を取ったが昔と見た目が変わらないだとか、髪型や服装のセンスが昔からずっと良いだとか、見た目が売りになる世界だったからそういうことかと思ったりもしていたが、長いこと同じボーイを指名しているお客様は「あいつも老けたし、昔はスリムだったけど、今はおっさん体型になってるよ」と冗談っぽく悪態づいていた。だけどその彼を引き続き贔屓にしていた。

見た目や年齢、そういったものに不変はあり得ない。だからもしこの世に存在するのなら不変とは《触れられない抽象的なもの》――人間性や思想の方かと舵を切って考えたが、思想だって変わらなければ「成長していない」「もう若くないんだぞ」と辟易《へきえき》されるのも見てきたし知っていた。

何が変わって、何が変わらなくて、何が評価されているんだろう。

あたいは考えて考えて、ある日、お客様に言われた一言で気づく。

「久しぶりにもちぎくんに会いにきたけど、やっぱ安心するわ」

その一言が、やけにあたいには嬉しくもあり、満足でもあり、胸につっかかった何かを取り払うような気がして。

とにかく《ああ、その言葉を聞けてよかった》と安堵できた。

安心、という考えが《変わったが変わらない》の中にあるんだろう。

安心とは《予想通りに動く》あるいは《期待していたものを与えてくれる》という信頼のこと。家に帰ると、いつも通りの家具や部屋が自分を待っていてくれる。だからホッとできる。そういう《不安定じゃない選択肢》として相手の心の拠り所になってしまうのが、変わったけど変わらない安心ということなのだ。家具や配置が変わるように、人も成長し変化するが、相手にとって帰ることのできる家だという存在であり続けることはできる。

予想に反した成長と同時に、人の期待に沿った自分特有の長所・あり方それらを見極めることが、人間関係を長続きさせることに繋がる。なのであたいはブレずに唯我独尊な感じで生きている。これが好きだという物好きが世の中にはいるのだ。へへっ。

ずる賢さは
失敗しない技術ではない

ジンのような自由に上手くやっている人でも失敗や批判は免れない。

確か彼はしょっちゅう特定のお客様からお叱りを受けていた。他のボーイにもそういうことはあったが、いわゆるアンチや悪意ある人間の誹謗中傷や暴言ではなく、期待や希望があるからこそのクレームだった。

クレームすべてが良いわけではないが、基本的には《物事を訴える》という行いや声には、それを改善して欲しいという期待や、不利益を被っていた人間の悲痛な声が反映されている。つまりずる賢い人間であろうと、何らかの立場を示したり、個人として社会で生きる限りは、誰かにとって不利益や不満、折衝と妥協が発生し、《意見や要望を訴えかけられる立場》になるということだった。

ジンの場合、とあるお客様が「最近、ジンくんは出勤しても水曜日に出なくなった。自分は水曜日にしか東京に出て来れないから、できたら水曜に出勤して欲しいと伝えたことがある。自分を避けているのだったら言って欲しい。その場合、自分はもう指名しないから、安心して水曜日に出勤して欲しい」と、悲しくも辛い問い合わせを受けたそうだ。

店長はこれを「心当たりあるのか？」とジンに問いただしたことがある。

「あるよ〜。このお客さん、そこまで思い詰めてたんですね。申し訳ないなぁ。でも水曜日は出勤できないんだよなぁ」と言うジンに、店長は深く事情を聞かずに「じゃあ本業で出られないいだけだと伝えておくぞ」と返して対応したらしい。

どちらか一方だけの意見を鵜呑《うの》みにせず、またジンの選択に事情があると察して対応したのだろう（例えばこのお客様がジンにとっては負担であるだとか、それが理由で休みを取るなら水曜日にしている可能性だとか）。

考えがあって動いていても、理解や和解に至るまでに一度は衝突や軋轢、誤解を受けてしまうこともあるということだ。

だからずる賢く生き抜く際に失敗や誤解を恐れてはならないこと。弁解できるものはすること。そして割り切って前に進むことを忘れてはならない。

ずる賢さは潔癖になるというわけじゃなく、《どんな時でも割り切りを覚悟しつつ前向きな対応と善処をする》ための知恵。

評判や他人の価値観もそうだ。ある程度の諦めもあっていい。

あたいはそう感じた時、売れ続けると売れるは両立しなくていいと思えるようになった。

生活費と貯金ができる量であれば、もうそれであたいの目論見は成功している。

必ずしも一位になることに躍起にならなくていい、自分の戦いと目標をまっすぐ見続ければいいのだと感じるようになった。

いわば余裕だった。

ずる賢さが持つ諦めは、競争に健全な余裕を生み出すことができる発想だと考えた。

第二章で話したボネ姉もきっとそうだ。自分の目標と計画のために戦えていればよかったので、突っかかってきた相手を目の敵にせずに対処できたのだ。

望まずとも競争社会に放り込まれ、ランキングという指標に晒されて、そこで争う人間に目をつけられることもあるが、でも何も焦る必要はない。負けても悔しがる必要はないし、争いに煽られて激しい渦中に身を落とさなくてもいい。

敗北も失敗も、ある一定の見方でしかないから、自分の成功を虎視眈々と追い求めればいいのだ。

結局なんだかんだあたいは大学卒業までゲイ風俗で働いていた。

他の店ではあたい以上に在籍するボーイもいて、長ければ10年選手もいたが、あたいが働いていたゲイ風俗では、あたいが一番の古株として出勤していた（あたいより長いこと在籍しているボーイもいたが、出勤はほとんどしていなかったので、あたいが一番古い人間と言っても過言ではなかった）。

もちろんあたいより年齢が高い新人や後輩もたくさんいたが、やはり《歴で長い》というのはなかなかしんどいものがあった。

たくさんのお客様に恵まれて、リピーター様に支えてもらい、生活も何とかできたし、貯金もほとんどの奨学金が返済できるほどには蓄えられた。これは僥倖《ぎょうこう》だったと思う。無事に大学を卒業できただけでも幸いだったのに、身軽になることも許されたのだから。それだけであたいは成功したと感じた。

ゲイ風俗卒業を間近にした頃には、店にあたいの卒業を祝ってお客様から花が届いた。懇意にしてもらっている人からは最後の指名時に餞別《せんべつ》として物やチップを貰ったりもした。

今までのすべてが概《おおむ》ね成功で、あたいとしては自分がやってきたことが正しく、努力が報われたと感じていた。

しかし出勤最終日に、そういった旨のことを店長に話すと、店長は少しの懸念を、忌憚なくあたいに打ち明けてくれた。

「お前はボーイとしての人生を終えるが、お前の人生はまだまだ続くんだぞ。店の外でお客様と出会ってトラブルになるかもしれないし、ここで働いていたことが足かせになって、お前の社会人としての人生をダメにしてしまうかもしれない。今だって性病の潜伏期間があるかもしれなくて、ふとしたある日、この店で病気をもらっていたことに気づくかもだろ。《まだ成功なんかじゃない》。どんな経験も、成功だって胸を張って言えるのはずっと先のことだ。もしかしたら、歳とってくたばる前かもしれない」

浮かれているあたいに水を差すような言葉だったかもしれないが、ハッと水をかぶったように頭が冷えた。

ずる賢い人たちを見てきて、彼らは成功を収めても《これで終わりだ》なんて一度も言わなかった。

いつだって虎視眈眈と次の目標を立てて、止まることもなく前に進み続けた。

そのスピードと生き方を、あたいはずる賢いと感じ、羨ましさを覚えたのだ。

ゲイ風俗に在籍し、生活費や学費は稼げ、またその経験を基にした出版で、あたいは現在2度目の学生生活を迎えることができた。

しかし金銭だけでない、自分の意思や考えを世に残し、社会に深く関わることができたことが、あたいは何よりの報酬だと感じるし、報いだと受け取っている。

でも、これで終わりじゃない。自分の課題も、社会の問題もまだまだ山積みで、あたいはこれからも人と関わって生きていかなければならない。まだあたいはこの世にある自由と幸福を、ほんの一部しか味わっていないのだから。

生きるとは競争だとかルールだらけの社会だとか、不自由な場所に放り込まれ、それでも踏んばって生き抜いてその中で最大の自由と幸福を噛《か》みしめることだ。

この体が空を飛べない代わりに、大地を踏み締める自由を持っているように、社会や環境から逃れて生きることはできないが、その中の喜びを賢しく見つけて生きることはできる。

そのためには空だけを羨望して鳥を妬んだり、頭を垂れて足元だけを眺めていないで、前を向いて景色すべてを視界に捉えなければ、自由とは程遠い概念に終わってしまう。

あたいらは前を向いて歩くことができる。自分で道を切り拓かなくても、上手いことやって生きてきた人の跡をたどることはできるのだ。

そしてあたいは、今までの経験が《自分にできることはしてきたんだ》と胸を張って思えるように、これからもずる賢く前を向いて進んでいこうと思う。

おわりに

ここまでを読んで、ともに考えてくれた読者さまに感謝申し上げます。

あたいは一部の業界でなんとかかんとかやってこられただけの偏った経験を持つ一大人です。ほとんどの読者さまと同じスタートラインに立つ、偉くもない人間なのです。

なのでこの本を書く時も、あたいが何か教え説くことなんてあるんだろうか……と頭を抱えたりもしましたがあたいが見てきた《ずる賢い人たち》を参考に彼らの生き方を読み解いていけばいいのだと思い至りました。

世の中の生き方では大成することや大物になることだけが成功例のように思われたりしがちですが、身近にいる《上手なサバイバー》を、あたいはなによりまず見習いたいと感じました。

等身大に、だけどより良く物事を運ばせ生きる、小さな成功者。

この成功には限度もなく、誰もが共に《ずる賢く》あることは成立するのだと、あたいは思っています。

そして世の中に、もっと優しい競争が増えるよう、あたいは願ってこの本を著します。

読者の皆さま、関係者の方々、そして参考にした同僚たちにもう一度お礼申し上げます。

サンキュー♡

ここまで読んでいただき
本当にありがとうございました
業界ルポのような本になりましたが
楽しんでいただけたでしょうか
当時のお仕事メモを参照しました♡
仕事メモ
今回取り上げたゲイ風俗ボーイの子たちは
退店後それぞれの舞台で上手くやってるようです

ゲイ風俗やゲイバーという世界で培ったものなのか
それともそこに至るまでに
ゲイバー
ウリセン
幼い頃から努力して手に入れたものなのか分からないけれど
彼らには人を惹きつける魅力があって
あたいには彼らの存在が憧れでもあり
羨ましくもありました
もしあなたの周りにそんな風に羨ましく思える人がいたならば
それを見つけられたあなたはラッキーだと思う

ずる賢い人も
優秀で
素晴らしい
人だと思いますが
人の
ずる賢さを
見つけられる
のも
素敵な
ことよ
って
ボネ姉が
言ってくれました
それからは
あたいは
人を羨むことが
できるのも
一つの
能力だと
思うように
してます
読者の
皆様が持つ
羨望という
感情も
健やかな
《ずるいと思う
気持ち》に
なってもらえると
幸いです

本書は書き下ろしです。

ブックデザイン
鈴木千佳子

〈著者紹介〉
もちぎ　ゲイ風俗、ゲイバーで働いていた経験を綴ったコミックエッセイが大評判となり、話題を集める。現在はエッセイや小説、noteなどで幅広く活躍中の作家。

GENTOSHA

ずる賢く幸せになる　元ゲイ風俗ボーイの人たらし哲学
2020年12月15日 第1刷発行

著　者　もちぎ
発行人　見城 徹
編集人　森下康樹
編集者　岩堀 悠

発行所　株式会社 幻冬舎
〒151-0051 東京都渋谷区千駄ヶ谷4-9-7

電話:03(5411)6211(編集)
03(5411)6222(営業)
振替:00120-8-767643
印刷・製本所:株式会社 光邦

検印廃止

Printed in Japan
ISBN978-4-344-03721-2 C0095
幻冬舎ホームページアドレス　https://www.gentosha.co.jp/

この本に関するご意見・ご感想をメールでお寄せいただく場合は、comment@gentosha.co.jpまで。